7 HAUPTBEGRIFFE DER PSYCHOANALYSE

J.-D. Nasio, Psychoanalytiker, Psychiater und früher Mitglied der Ecóle Freudienne, begann seine analytische Ausbildung in Argentinien und arbeitete eng mit der bekannten Kinderanalytikerin Françoise Dolto zusammen. Er wohnt in Paris, unterrichtet an der Sorbonne und ist Direktor der Séminaires Psychanalytiques de Paris, einem Zentrum der psychoanalytischen Ausbildung, aber auch der Vermittlung des psychoanalytischen Denkens an Nichtspezialisten. In seiner Praxis arbeitet er mit Kindern und Erwachsenen.
J.-D. Nasio ist Autor vieler Bücher und beteiligt sich an der öffentlichen Diskussion zur Psychoanalyse in verschiedenen Medien.

J.-D. NASIO

7 Hauptbegriffe der Psychoanalyse

Aus dem Französischen von Angela Mauritz,
Robert Pfaller, Liebgard Pramhas und August Ruhs
Herausgegeben von
August Ruhs

VERLAG TURIA + KANT
WIEN–BERLIN

Bibliografische Information der Deutschen Bibliothek

Die Deutsche Bibliothek verzeichnet diese Publikation in der Deutschen Nationalbibliografie; detaillierte bibliografische Daten sind im Internet über http://dnb.ddb.de abrufbar.

Bibliographic Information published by Die Deutsche Bibliothek

Die Deutsche Bibliothek lists this publication in the Deutsche Nationalbibliografie; detailed bibliographic data is available in the internet at http://dnb.ddb.de.

ISBN 978-3-85132-851-6

Originalausgabe unter dem Titel:
Enseignement de 7 concepts cruciaux de la psychanalyse

Cover: Bettina Kubanek

A-1010 Wien, Schottengasse 3A / 5 / DG 1
D-10827 Berlin, Crellestraße 14 / Remise
info@turia.at | www.turia.cc

Inhalt

Viele der folgenden Seiten wurden inspiriert von dien Bergen rund um den Millstätter See und der liebenswürdige Gastfreundschaft, die ich so oft bei der Familie Burgstaller erfahren habe.

J.-D. Nasio

I. Der Begriff der Kastration

Der Begriff »Kastration« entspricht in der Psychoanalyse nicht dem gewöhnlichen Verständnis einer Verstümmelung der männlichen Sexualorgane, sondern er bezeichnet eine komplexe psychische Erfahrung, die das Kind *im Unbewußten* im Alter von ungefähr fünf Jahren erlebt und die entscheidend für die Akzeptanz seiner zukünftigen sexuellen Identität ist. Das Wesentliche dieser Erfahrung besteht in der Tatsache, daß das Kind zum ersten Mal, um den Preis der Angst, den anatomischen Geschlechtsunterschied anerkennt. Bisher lebte es in der Illusion der Allmacht; von nun an, durch diese Prüfung der Kastration, muß es akzeptieren, daß das Universum aus Männern und Frauen zusammengesetzt ist, und daß der Körper Grenzen hat, das heißt, es muß akzeptieren, daß ihm sein kindlicher Penis niemals gestatten wird, sein intensives sexuelles Begehren gegenüber der Mutter zu konkretisieren.
Aber der Kastrationskomplex, den wir als eine Etappe in der Entwicklung der kindlichen Sexualität darstellen, läßt sich nicht einfach nur auf einen bestimmten Zeitabschnitt reduzieren. Im Gegenteil, die unbewußte Erfahrung der Kastration erneuert sich ohne Unterlaß das ganze Leben hindurch und spielt in der analytischen Kur des erwachsenen Patienten eine ganz besondere Rolle. Eines der Ziele der analytischen Erfahrung ist es in der Tat, im Erwachsenenleben die Erfahrung, die wir in der Kindheit durchgemacht haben,

möglich zu machen und zu reaktivieren: voll Schmerz zuzugeben, daß die Grenzen des Körpers viel enger gesteckt sind als die Grenzen des Begehrens.

DER KASTRATIONSKOMPLEX BEIM KNABEN

Vor die Wahl zwischen der narzißtischen Liebe zu seinem Penis und der inzestuösen Liebe zur Mutter gestellt, entscheidet sich der Knabe für seinen Penis.

Freud entdeckt anläßlich seiner Arbeit mit einem fünfjährigen Kind, dem kleinen Hans[1], das, was er den Kastrationskomplex nennen wird. Im Zuge der Analyse dieses Knaben, aber auch in Anlehnung an die Kindheitserinnerungen seiner erwachsenen Patienten, löst Freud diesen Komplex heraus, den er zum ersten Mal 1908 beschreibt[2]. Wir können die Konstituierung des männlichen Kastrationskomplexes folgendermaßen schematisieren.

Erster Abschnitt: Jeder hat einen Penis[3]

Das, was bei der Kastration wirklich auf dem Spiel steht, läßt sich nur durch diese Annahme des Kindes begreifen, daß jeder einen Penis, dem seinen gleich, besitze. Das ist der Abschnitt, der den kindlichen Glauben, daß es zwischen männlichen und weiblichen Geschlechtsorganen keinen anatomischen Unterschied gebe, einleitet. Dieser Glaube, den Freud bei allen Kindern, Mädchen und Knaben, vorgefunden hat, ist die notwendige Vorbedingung für den Kastrationsprozeß. Sobald angesichts einer Angehörigen – Mutter, kleine Schwester etc. – entdeckt wird, daß sie dieses Attribut, von dem angenommen wurde, daß es allgemein vorhanden sei, nicht hat, erleidet der kindliche Glaube Schiffbruch, wodurch der Angst, eines Tages selbst ohne diesen Besitz zu sein, Tür und Tor geöffnet wird. Da sich herausgestellt hat, daß es zumindest eine Person ohne Penis gibt – denkt der kleine Knabe –, ist der Besitz meines eigenen Penis nicht mehr sicher. Wiederholen wir also: Die Vorbedingung für die psychische Kastrationserfahrung ist diese Annahme des universellen Penisbesitzes.

Zweiter Abschnitt: Der Penis ist bedroht

Das ist die Zeit der verbalen Drohungen, deren Ziel darin besteht, dem Kind seine autoerotischen Praktiken zu untersagen und es zu zwingen, auf seine inzestuösen Phantasien zu verzichten. Diese Drohungen warnen das Kind explizit vor dem Verlust seines Gliedes, wenn es seine Berührungen fortsetzt, aber implizit haben die elterlichen Ermahnungen im Auge, dem Knaben jede Hoffnung zu nehmen, eines Tages den Platz des Vaters im Liebesleben mit der Mutter einnehmen zu können. Die Kastrationsdrohung zielt auf den Penis, aber ihre Auswirkungen beziehen sich auf das *Phantasma* des Knaben, eines Tages sein geliebtes Objekt, die Mutter, besitzen zu können. Darauf muß er also verzichten. Die verbalen Warnungen, vor allem die vom Vater geäußerten und vom Kind fortwährend internalisierten, sind der Ursprung des Überichs. Genauer gesagt haben die elterlichen Warnungen auf das Kind erst Einfluß, wenn es den folgenden Abschnitt, den dritten, durchgemacht hat.

Dritter Abschnitt: Es gibt Lebewesen ohne Penis, die Bedrohung ist also real

Das ist der Abschnitt der *visuellen* Entdeckung der weiblichen Genitalregion. In diesem Stadium ist die weibliche Genitalzone, deren Anblick sich den Augen des Kindes bietet, nicht das weibliche Sexualorgan, sondern die Schamgegend des weiblichen Körpers. Was das Kind visuell entdeckt, ist nicht die Vagina, sondern das Fehlen des Penis. Dem ersten

Anschein nach scheint der Knabe diesem Fehlen keine Bedeutung beizumessen, aber die Erinnerung an die Drohungen, die er den ganzen zweiten Abschnitt hindurch gehört hat, verleiht nun der visuellen Wahrnehmung einer Gefahr, die er bisher nicht beachtet hatte, ihre volle Bedeutung. Irgendwann einmal bekommt das auf seinen Penisbesitz stolze Kind die Genitalregion eines kleinen Mädchens zu Gesicht und muß sich von dem Mangel eines Penis bei einem ihm so ähnlichen Wesen überzeugen. Damit ist auch der eigene Penisverlust vorstellbar geworden, die Kastrationsdrohung gelangt *nachträglich* zur Wirkung[4]. Geht man von der affektiven narzißtischen Bindung des Kindes an seinen Penis aus, so kann es nicht zugeben, daß es ihm gleiche Lebewesen ohne diesen gebe. Deshalb leistet sein hartnäkkiges Vorurteil – das heißt, sein Glaube, daß es unmöglich Lebewesen ohne Penis geben könne – beim ersten Anblick der Genitalregion des kleinen Mädchens erfolgreich dem Augenschein Widerstand. Die affektive Besetzung seines Körpers ist so intensiv, daß es sich eine ihm gleiche Person ohne dieses ursprüngliche Element nicht vorstellen kann; es verteidigt lieber seine Fiktion, die es sich zurechtgelegt hat, auf Kosten der wahrgenommenen Realität des Mangels. Anstatt grundsätzlich die Abwesenheit des Penis bei der Frau anzuerkennen, spricht das Kind ihr hartnäckig ein penisartiges Organ zu und ergänzt dies durch einen Kommentar: Das Mädchen hat einen noch kleinen Penis, aber er wird wachsen.

Vierter Abschnitt: Die Mutter ist auch kastriert; Auftauchen der Angst

Trotz der visuellen Wahrnehmung des Körpers des kleinen Mädchens hält der Knabe noch den Glauben aufrecht, daß die älteren und respektableren Frauen wie seine Mutter mit einem Penis ausgestattet sind. Später, wenn das Kind entdeckt, daß Frauen Kinder kriegen können, stellt es fest, daß seine Mutter auch penislos ist. Erst in diesem Moment taucht die Kastrationsangst endgültig auf. Der Anblick eines weiblichen Körpers öffnet der Angst, den Penis zu verlieren, den Weg, aber es handelt sich noch nicht im eigentlichen Sinn um Kastrationsangst. Damit sich der Kastrationskomplex tatsächlich bildet, das heißt, damit die Bedrohung, die im Anblick der weiblichen Genitalien liegt, zum Zeichen einer Gefahr wird, bedarf es, wie wir gesehen haben, der Intervention eines anderen Faktors. Die Wahrnehmung des weiblichen Körpers erweckt im Kind die Erinnerung an die verbalen Drohungen – reale oder eingebildete –, die früher von seinen Eltern geäußert worden waren und zum Ziel hatten, ihm das Vergnügen an der Erregbarkeit seines Penis zu untersagen. Der *Anblick* des Penismangels der Frau einerseits und die akustische Wiedererweckung der verbalen elterlichen Drohungen andererseits stellen die zwei Hauptbedingungen des Kastrationskomplexes dar.

Um es genauer zu sagen: Die *Kastrationsangst* wird vom Knaben nicht tatsächlich empfunden, sie *ist unbewußt.* Diese Angst darf man nicht mit der Angst verwechseln, die wir bei Kindern in der Form von konkreter Furcht, in Alpträumen u.ä. beobachten; solche Störungen sind bereits Manifestationen einer Abwehr gegen das Unerträgliche der unbewußten Angst; eine erlebte Angst kann eine Abwehr gegen diese nicht gelebte und unbewußte Angst, die wir Kastrationsangst nennen, sein.

Letzter Abschnitt: Ende des Kastrationskomplexes und Ende des Ödipuskomplexes

Unter der Auswirkung dieser auftauchenden Kastrationsangst akzeptiert der Knabe das Gesetz des Verbots und entscheidet sich für die Rettung seines Penis, sogar unter Verzicht auf die Mutter als Sexualpartnerin. Mit dem Verzicht auf die Mutter und der Anerkennung des väterlichen Gesetzes erschöpft sich die Phase der ödipalen Liebe; damit wird die Anerkennung der maskulinen Identität möglich. Diese Krise, die der Knabe durchlaufen mußte, war fruchtbar und strukturierend, da er fähig wurde, *seinen Mangel auf sich zu nehmen* und seine eigene Grenze herzustellen. Anders ausgedrückt bedeutet das Ende des Kastrationskomplexes für den Knaben auch das Ende des Ödipuskomplexes. Bleibt zu bemerken, daß das Verschwinden des Kastrationkomplexes besonders heftig und entscheidend ist. Hier die Worte Freuds: »Beim Knaben … wird der Komplex nicht einfach verdrängt, er zerschellt förmlich unter dem Schock der Kastrationsdrohung ... Im normalen, besser gesagt: im idealen Falle besteht dann auch im Unbewußten kein Ödipuskomplex mehr«[5].

DER KASTRATIONSKOMPLEX BEIM MÄDCHEN

Der weibliche Kastrationskomplex gestaltet sich trotz zweier gemeinsamer Züge sehr unterschiedlich zum männlichen. Ihr Ausgangspunkt ist zuerst gleich; in einem ersten Abschnitt, den wir als Vorstufe zum Kastrationskomplex angenommen haben, halten Knaben und Mädchen ohne Unterschied die Fiktion, die jedem menschlichen Wesen einen Penis zuschreibt, aufrecht. Der Glaube an die Universalität des Penis ist daher für das eine wie für das andere Geschlecht die notwendige Voraussetzung zur Konstituierung des Ödipuskomplexes.

Der zweite gemeinsame Zug bezieht sich auf die Wichtigkeit der Rolle der Mutter. Jenseits aller Unterschiede in der weiblichen und männlichen Erfahrung der Kastration bleibt die Mutter bis zu dem Augenblick, wo sich der Knabe von ihr aus Angst, das Mädchen aus Haß abwendet, die Hauptper-

son. Ob von Angst oder von Haß gezeichnet, das wichtigste Ereignis des Kastrationkomplexes ist, daran besteht kein Zweifel, die Trennung des Kindes von seiner Mutter genau in dem Augenblick, wo es sie als kastriert entdeckt.
Abgesehen von diesen beiden gemeinsamen Zügen, Universalität des Penis und Trennung von der kastrierten Mutter, erfährt die weibliche Kastration, die wir in vier Abschnitte einteilen, eine ganz andere Entwicklung als jene des Knaben.

Im voraus zwei wesentliche Unterschiede zwischen der männlichen und der weiblichen Kastration:

- Beim Knaben endet der Kastrationskomplex in einem Verzicht auf die Liebe zur Mutter, während er bei der Frau die ödipale Liebe für den Vater eröffnet. »Während der Ödipuskomplex des Knaben am Kastrationskomplex zugrunde geht, wird der des Mädchens durch den Kastrationskomplex ermöglicht und eingeleitet«[6]. Beim Knaben beginnt und endet der Ödipus mit der Kastration. Beim Mädchen beginnt er mit der Kastration, aber er endet nicht damit.
- Das wichtigste Ereignis des weiblichen Kastrationskomplexes ist, wie wir schon gesagt haben, die Trennung von der Mutter, aber mit dieser Besonderheit, daß es sich um die Wiederholung einer anderen, älteren Trennung handelt. Die erste Bindung – seit Beginn des Lebens – des Mädchens an seine Mutter wird durch den Verlust der Mutterbrust unterbrochen. Freud zufolge tröstet sich die Frau nie über diesen Verlust hinweg und trägt in der Folge einen Groll, unbefriedigt gelassen worden zu sein, mit sich herum. Dieser primitive Groll, dieser alte Haß, verschwinden unter dem Einfluß einer unerbittlichen Verdrängung, um während des Kastrationskomplexes, im Augenblick dieses wichtigen Ereignisses der Trennung des Mädchens von der Mutter, wiederzuerscheinen. Der Haß von einst taucht im kleinen Mädchen in der Form von Feindseligkeit und Rachsucht einer Mutter ge-

genüber, die sie für verantwortlich dafür hält, ein Mädchen zu sein, wieder auf. Die Aktualisierung der alten negativen Gefühle die Mutter betreffend kennzeichnet das Ende des Kastrationskomplexes. Betonen wir nochmals mit Nachdruck, daß die Rolle der Mutter, im Gegensatz zur allgemeinen Meinung, für das sexuelle Leben des kleinen Mädchens viel wichtiger ist als die des Vaters; die Mutter steht am Ursprung und am Ende des weiblichen Kastrationskomplexes.

Erster Abschnitt: Jeder hat einen Penis (die Klitoris ist ein Penis)

In dieser ersten Zeit weiß das kleine Mädchen nichts von einem Unterschied zwischen den Geschlechtern und der Existenz seines eigenen Geschlechtsorgans, der Vagina. Es ist vollkommen glücklich, so wie jeder ein klitorales Attribut zu haben, das es dem Penis gleich setzt und dem es denselben Wert, den der Knabe seinem Organ zuspricht, zumißt. Ob er sich in der Form eines Penis, wie beim Knaben, oder als klitorales Organ, wie beim Mädchen, präsentiert, der Penis bleibt für beide Geschlechter ein universelles Attribut.

Zweiter Abschnitt: Die Klitoris ist zu klein, um ein Penis zu sein: »Ich bin kastriert worden«

Das ist der Moment, in dem das Mädchen die männliche Genitalregion visuell entdeckt. Der *Anblick* des Penis zwingt es, definitiv zuzugeben, daß es keinen wirklichen Penis besitzt. »Es bemerkt den auffällig sichtbaren, *groß angelegten* Penis eines Bruders oder Gespielen, erkennt ihn sofort als überlegenes Gegenstück seines eigenen, *kleinen* und versteckten Organs und ist von da an dem Penisneid verfallen«[7].
Im Unterschied zum Knaben, für den sich die Auswirkungen der visuellen Erfahrung mit Fortschreiten der Entwicklung zeigen, sind die Auswirkungen des Anblicks des männlichen Geschlechts beim Mädchen *unmittelbar*. »Sie ist im

Nu fertig mit ihrem Urteil und ihrem Entschluß. Sie hat es gesehen, weiß, daß sie es nicht hat, und will es haben.«[8] Die Erfahrung des Knaben ist sehr unterschiedlich zu der Erfahrung des Mädchens: Beim Anblick des Penis erkennt das Mädchen sofort, daß es schon kastriert worden ist – die Kastration hat *schon stattgefunden*: »Ich bin kastriert worden«. Der Knabe fürchtet angesichts der weiblichen Scham, kastriert zu werden – die Kastration *könnte* stattfinden: »Ich könnte kastriert werden«. Um die weibliche Kastration von der männlichen besser unterscheiden zu können, müssen wir festhalten, daß der Knabe die *Angst* der Kastrationsdrohung erlebt, während das Mädchen *Lust* empfindet angesichts dessen, was es gesehen hat und was ihm genommen wurde.[9]

Dritter Abschnitt: Die Mutter ist auch kastriert; Wiederauftauchen des Hasses gegen die Mutter

In dem Augenblick, in dem das Mädchen seine Kastration in der Form, daß die Klitoris kleiner als der Penis ist, erkennt, handelt es sich noch um ein »individuelles Unglück«, aber mit der Zeit wird ihm bewußt, daß die anderen Frauen – und darunter seine eigene Mutter – an demselben Mißgeschick leiden. Die Mutter wird daher vom Kind verachtet und zurückgewiesen, weil sie ihm nicht die phallischen Attribute übermitteln konnte und ihm darüber hinaus auch nicht beibringen konnte, seinen tatsächlichen weiblichen Körper wertzuschätzen[10]. Der ursprüngliche Haß wegen der ersten Trennung von der Mutter, bisher vergraben, taucht nun beim Mädchen in der Form von unaufhörlichen Vorwürfen wieder auf. Die Entdeckung der Kastration der Mutter führt das Mädchen dazu, sich ein zweites Mal von ihr zu trennen und von nun an den Vater als Liebesobjekt zu wählen.

Letzter Abschnitt: Die drei Ausgänge des Kastrationskomplexes; Entstehen des Ödipuskomplexes

Angesichts der Evidenz seines Penismangels kann das Mädchen drei verschiedene Haltungen einnehmen, die für das Schicksal seiner Weiblichkeit entscheidend sind. Natürlich sind diese drei Ausgänge in der Realität nicht immer klar unterschieden.

1) Kein Penisneid.

Die erste Reaktion des kleinen Mädchens angesichts des Mangels besteht darin, so erschrocken zu sein wegen dieses anatomischen Nachteils, daß es sich ganz allgemein von jeglicher Sexualität abwendet. Es weigert sich, mit dem Knaben zu rivalisieren und hat daher keinen Penisneid.

2) Wunsch, mit einem männlichen Penis ausgestattet zu sein.

Die zweite Reaktion des Mädchens, angesichts dieses Mangels, besteht darin, hartnäckig zu glauben, eines Tages einen ebensogroßen Penis zu besitzen wie den, den sie beim Knaben gesehen hat, und so den Männern gleich zu werden. In diesem Fall *leugnet* es die Tatsache seiner Kastration und bewahrt sich die Hoffnung, eines Tages Besitzerin eines Penis zu sein. »Die zweite Richtung hält in trotziger Selbstbehauptung an der bedrohten Männlichkeit fest«[11]. Die Vorstellung, eines Tages trotz allem ein Mann zu sein, bleibt Ziel ihres Lebens. »Dieser ›Männlichkeitskomplex‹ des Weibes kann in manifest homosexuelle Objektwahl ausgehen«[12]. Der Penisneid ist hier der Wunsch, mit einem männlichen Penis ausgestattet zu sein. Die Klitoris bleibt als »kleiner Penis« die dominante erogene Zone.

3) Der Wunsch, Penissubstitute zu haben.

Die dritte Reaktion des Mädchens ist die unmittelbare und definitive Anerkennung der Kastration. Diese letzte weibliche Haltung, die Freud als *normal* bezeichnet, läßt sich durch drei wichtige Veränderungen kennzeichnen:

a) *Wechsel des geliebten Partners: Die Mutter überläßt dem Vater den Platz.* All die verschiedenen dargestellten Abschnitte hindurch ist der vom Mädchen geliebte Partner hauptsächlich die Mutter. Diese privilegierte Bindung an die Mutter dauert bis zu dem Zeitpunkt, wo das Mädchen gewahr wird, daß auch die Mutter seit jeher kastriert ist. Es entfernt sich von ihr mit Verachtung und wendet sich dem Vater zu, von dem es annimmt, daß er positiv auf seinen Wunsch nach einem Penis antworten wird. Es kommt also zu einem Wechsel des Liebesobjekts. Es ist der Vater, an den sich nun die zärtlichen Gefühle des Mädchens richten. So beginnt der weibliche Ödipuskomplex, der das ganze Leben der Frau hindurch erhalten bleibt.

b) *Wechsel der erogenen Zone: Die Klitoris überläßt der Vagina den Platz.* Bis zur Entdeckung der Kastration der Mutter behält der Klitoris-Penis seine erogene Vorherrschaft. Die Anerkennung der eigenen und der mütterlichen Kastration so wie die Orientierung seiner Liebe zum Vater hin bedingen im Körper des Mädchens eine Verschiebung der Libido. In den Jahren zwischen Kindheit und Adoleszenz verlagert sich die Besetzung der Klitoris allmählich zur Vagina. Penisneid bedeutet nun den Wunsch, *den Penis* im Koitus zu *genießen,* und »die Vagina wird nun als Herberge des Penis geschätzt, sie tritt das Erbe des Mutterleibes an«[13].

c) *Wechsel des begehrten Objekts: Der Penis überläßt einem Kind den Platz.* Der Wunsch, den Penis im Koitus zu genießen, wandelt sich bei diesem dritten Ausgang in den Wunsch, ein Kind zu gebären. Die Verschiebung der erogenen Besetzung von der Klitoris auf die Vagina erhält ihre Entsprechung im Übergang des Wunsches, in ihrem Körper den Penis aufzunehmen, zum Wunsch Mutter zu sein.

Fassen wir kurz zusammen, wie der Weg verläuft, der das Mädchen zur Frau werden läßt. Der weibliche Säugling begehrt zuerst seine Mutter, trennt sich ein erstes Mal im Augenblick des Abstillens von ihr und ein zweites Mal im Augenblick der Entdeckung der mütterlichen Kastration. Sein Wunsch nach einem Penis überträgt sich darauf auf den Vater als Wunsch nach einem Kind. Man kann anmerken, daß der weibliche Ödipuskomplex eine sekundäre Bildung darstellt, während der des Knaben eine primäre ist. Weiblichkeit ist somit ein ständiges Werden, aus einer Vielzahl von Austauschprozessen zusammengesetzt, die alle den Zweck haben, das beste Äquivalent für den Penis zu finden.

SCHEMA DES KASTRATIONSKOMPLEXES

Beim Knaben	***Beim Mädchen***
Kein präödipaler Haß	Präödipaler Haß
1. Abschnitt Universalität des Penis	***1. Abschnitt*** Universalität des Penis (Klitoris)
2. Abschnitt Der Penis wird durch verbale Äußerungen des Vaters bedroht	(Keine verbalen Drohungen)
3. Abschnitt Der Penis ist angesichts des nackten Frauenkörpers bedroht	***2. Abschnitt*** Angesichts des Penis erscheint die Klitoris als »inferior«
4. Abschnitt • Die Mutter ist kastriert • Ich kann wie sie kastriert werden, denkt der Knabe • Auftauchen der des Kastrationsangst	***3. Abschnitt*** • Die Mutter ist kastriert • Ich bin wie sie kastriert worden, denkt das Mädchen • Auftauchen des Penisnei- • Wiederauftauchen des Hasses
Letzter Abschnitt Trennung von der Mutter. Begehren wendet sich an andere Frauen	***Letzter Abschnitt*** Trennung von der Mutter. Begehren wendet sich an den Vater und an andere Männer
Ende des Kastrations-komplexes und Ende des Ödipuskomplexes	Ende des Kastrations-komplexes und Beginn des Ödipuskomplexes

II. Der Begriff des Phallus

Der in den Schriften Freuds selten verwendete Ausdruck »Phallus« wird manchmal benützt, um die »phallische Phase« zu bezeichnen, jenen besonderen Abschnitt in der Entwicklung der kindlichen Sexualität, in dem der Kastrationskomplex seinen Gipfel erreicht. Freud verwendet den Ausdruck »Penis« im allgemeinen jedes Mal, wenn es darum geht, den bedrohten Körperteil des Knaben zu bezeichnen und jenen, der dem weiblichen Körper fehlt. Im vorhergehenden, der Kastration gewidmeten Kapitel wurde diese Unterscheidung Penis/Phallus offen gelassen und, im Bemühen um Klarheit, das Vokabular Freuds beibehalten. Es ist das Verdienst von Jacques Lacan, diesen Ausdruck »Phallus« in den Rang eines analytischen Grundbegriffs erhoben zu haben und das Wort »Penis« nur zur anatomischen Bezeichnung des männlichen Organs heranzuziehen. Dennoch hatte Freud bei zahlreichen Gelegenheiten bereits diese Unterscheidung angerissen, die Lacan sich zu akzentuieren bemüht, indem er zeigt, in welchem Ausmaß der Bezug auf den Phallus in der Theorie Freuds von Bedeutung ist.

So kann Lacan schreiben: » Das ist hier ein ganz wesentliches Faktum ... – welche Veränderung er (Freud) auch in seiner Theoriebildung vorgenommen hat ..., die Vorherrschaft des phallischen Zentrums wurde nie modifiziert«.[14]

Der Primat des Phallus darf nicht mit einem angenommenen Primat des Penis verwechselt werden. Wenn Freud auf dem exklusiv männlichen Charakter der Libido insistiert, so handelt es sich nicht um Penislibido, sondern um phallische Libido. Das gestaltende Element der menschlichen Sexualität ist daher nicht das männliche Genitalorgan, sondern die *Vorstellung*, die von diesem anatomischen Teil des männlichen Körpers gebildet wird. Die Vorherrschaft des Phallus bedeutet, daß sich die sexuelle Entwicklung des Kindes und des Erwachsenen danach ausrichtet, ob dieser imaginäre – Phallus genannte – Penis in der Welt der Menschen anwesend oder abwesend ist. Lacan systematisiert rund um diesen Phallus mittels des Konzeptes des Mangels und des Signifikanten eine Dialektik von Anwesenheit und Abwesenheit.

Aber was ist der Phallus?

Wenn wir nochmals das Ganze des Kastrationsprozesses, wie es beim Knaben und beim Mädchen dargelegt wurde, nehmen, stellt sich heraus, daß das zentrale Objekt, um das herum sich der Kastrationskomplex bildet, eigentlich nicht das anatomische Organ des Penis ist, sondern die Vorstellung von ihm. Was das Kind als Attribut, das einige haben und das bei anderen fehlt, wahrnimmt, ist nicht der Penis, sondern seine psychische Vorstellung in ihrer imaginären oder symbolischen Form. Wir werden nun von diesem imaginären und diesem symbolischen Phallus sprechen.

IMAGINÄRER PHALLUS

Die imaginäre Form des Penis oder der imaginäre Phallus ist die unbewußte psychische Vorstellung, die sich aus drei Faktoren, dem anatomischen, dem libidinösen und dem phantasmatischen, zusammensetzt. Zuerst der anatomische Faktor, der vom physisch hervorragenden Charakter dieses Körperanhangs herrührt und dem Penis eine zugleich taktile und visuelle Prägnanz verleiht. Es ist diese »gute Gestalt«

des Penis, die sich der Wahrnehmung des Kindes als anwesender oder abwesender Körperteil aufdrängt.
In der Folge der zweite Faktor, die intensive libidinöse Besetzung, die sich in dieser Penisregion verdichtet und häufige autoerotische Berührungen des Kindes hervorruft. Und schließlich der dritte Faktor, der phantasmatische, verbunden mit der Angst, die durch die Phantasie, dieses Organ könnte einmal beschädigt werden, hervorgerufen wird. Man versteht nun, daß der Ausdruck »Penis« – eine anatomische Vokabel – ungeeignet ist, diese imaginäre Ganzheit zu bezeichnen, welche durch die gute Gestalt eines prägnanten Organs, durch die intensive narzißtische Liebe, die ihm das Kind entgegenbringt und durch die extreme Unsicherheit, es verschwinden zu sehen, geschaffen wird. Daraus folgt, daß der Penis, in seiner anatomischen Realität, nicht zum Feld der Psychoanalyse gehört; er findet nur als imaginäres Attribut Zugang – imaginärer Phallus –, mit dem gewisse Menschen ausgestattet wären. Wir werden sehen, daß dieser imaginäre Phallus seinerseits wieder eine andere Stelle einnimmt, jene eines symbolischen Gestaltungselementes.

SYMBOLISCHER PHALLUS

Der Phallus ist ein austauschbares Objekt

Die symbolische Figur des Penis, oder genauer die symbolische Figur des imaginären Phallus oder des »symbolischen Phallus«, kann verschiedene Bedeutungen haben. Zunächst jene, die dem männlichen Organ den Wert eines vom Körper *ablösbaren Objekts*, das wegnehmbar und gegen andere Objekte *austauschbar* ist, zuschreibt. Es geht hier für den symbolischen Phallus nicht mehr, wie im Fall des imaginären Phallus, darum, ein anwesendes oder abwesendes, bedrohtes oder geschütztes Objekt zu sein, sondern darum, in einer Reihe von äquivalenten Begriffen einen der Plätze einzunehmen. Im Fall des männlichen Kastrationskomplexes zum Beispiel kann der imaginäre Phallus durch irgendein anderes Objekt ersetzt werden, das sich dem Kind im Augenblick des notwendig gewordenen Verzichts auf das gemeinsame Genießen mit der Mutter darbietet. Da das Kind auf die Mutter verzichten muß, läßt es auch das imaginäre Organ, mittels dessen es hoffte, ihr Genuß zu verschaffen, fallen. Der Phallus wird gegen andere äquivalente Objekte (Penis = Fäzes = Geschenk = ...) eingetauscht. Diese kommutative Reihe, von Freud als »symbolische Gleichung« bezeichnet, ist aus Objekten zusammengesetzt, die alle zur Aufgabe haben, wie ein Köder das sexuelle Begehren des Kindes aufrecht zu erhalten, wodurch es gleichzeitig die gefährliche Eventualität des Genießens der Mutter vermeiden kann. Stellen wir auch noch fest, daß der Wert des männlichen Organs als austauschbares Objekt in seinem imaginären Status (imaginärer Phallus) sich insbesondere im dritten Ausgang des weiblichen Kastrationskomplexes findet, welcher im vorhergehenden Kapitel als Substitution dargestellt wurde: Dem Penisneid wird der Wunsch zu gebären substituiert; der imaginäre Phallus wird *symbolisch* durch ein Kind ersetzt.

Der Phallus ist die symbolische Währung

Aber der Phallus ist viel mehr als ein Begriff unter anderen in einer kommutativen Reihe; er selbst ist die Bedingung, die die Existenz der Reihe sicherstellt und die es ermöglicht, daß ganz heterogene Objekte auf der Ebene des menschlichen Begehrens zu gleichwertigen Objekten werden. Anders ausgedrückt ist die Erfahrung der Kastration eine so entscheidende in der Konstituierung der menschlichen Sexualität, daß das zentrale imaginäre Objekt, um das herum sich die Kastration organisiert – imaginärer Phallus –, durch seinen Eindruck alle anderen erogenen Erfahrungen, an welchem Körperteil auch immer, prägt. Das Abstillen zum Beispiel oder die Kontrolle des analen Sphinkters, Erfahrungen, die das Kind durchmacht und die am Ursprung des oralen oder analen Begehrens stehen, reproduzieren dasselbe Schema wie jenes der Kastrationserfahrung. Aus dieser Perspektive erhalten die verlorenen Objekte – die Brust, die das Kind verliert oder die Fäzes, die sich ablösen – ebenfalls den Wert des imaginären Phallus. Plötzlich hört der imaginäre Phallus selbst auf imaginär zu sein, er schließt sich aus der Reihe aus und wird zur *symbolischen Währung*, die es möglich macht, daß irgendwelche Objekte sexuell gleichwertig sind, das heißt, sich alle auf die Kastration beziehen.

Wenn sich der Phallus aus der kommutativen Reihe ausschließen und seinen invarianten Referenten konstituieren kann, so deswegen, weil er die Spur dieses wichtigen Ereignisses der Kastration darstellt, was für jedes menschliche Wesen bedeutet, die dem Genießen bezüglich der Mutter auferlegte Grenze anzuerkennen. Der symbolische Phallus bedeutet und erinnert daran, daß jedes Begehren im Menschen ein sexuelles Begehren ist, das heißt kein genitales Begehren, sondern ein Begehren, das ebenso unbefriedigt ist wie das inzestuöse Begehren, auf das das menschliche Wesen verzichten mußte. Mit Lacan zu behaupten, daß der Phallus der Signifikant des Begehrens ist, heißt, daran zu denken, daß alle erogenen Erfahrungen des Kindes- und Erwachsenenlebens, jedes menschliche Begehren (orales, anales, visuelles Begehren etc.) von der entscheidenden Erfahrung geprägt bleibt, auf das Genießen der Mutter verzichten zu müssen und das Unbefriedigtsein des Begehrens zu akzeptieren. Zu sagen, daß der Phallus der Signifikant des Begehrens ist, ist gleichbedeutend damit, zu sagen, daß jedes Begehren sexuell ist, und daß jedes Begehren letztlich unbefriedigt bleibt. Stellen wir nocheinmal mit Nachdruck fest, daß die Begriffe »sexuell« oder »Sexualität« auf dem Feld der Psychoanalyse nicht mit der Genitalerotik verwechselt werden dürfen, sondern daß sie sich auf diese wesentliche Tatsache des libidinösen Lebens beziehen: Die Befriedigungen sind immer ungenügend angesichts des Mythos des inzestuösen Genießens. Der phallische Signifikant ist die Grenze, die die Welt der immer unbefriedigten Sexualität von der Welt des absolut gesetzten Genießens trennt.

Es gibt noch eine dritte Bedeutung des symbolischen Phallus, aber diese ist so direkt in der Theorie Lacans zur Kastration enthalten, daß wir zuvor ihre wichtigsten Punkte zusammenfassen müssen. Erinnern wir uns zuerst, daß wir den *realen Penis* vom *imaginären Phallus* unterschieden haben, und diesen letzteren vom *symbolischen Phallus* in seinen zwei Versionen, ein substituierbares Objekt unter anderen zu sein und, über diese Objekte hinaus, der Referent, der die Operation der Substitution selbst sicherstellt.

Der Phallus ist der Signifikant des Gesetzes

Der Auffassung von Lacan zufolge definiert sich die Kastration nicht nur über die Drohung, die die Angst des Knaben hervorruft, und auch nicht durch das Feststellen eines Mangels als Ursprung des Penisneids des Mädchens; sie definiert sich fundamental über die *Trennung* zwischen Mutter und Kind. Nach Lacan ist die Kastration der Schnitt vermittels eines Aktes, der die imaginäre und narzißtische Bindung zwischen Mutter und Kind durchtrennt und auflöst. Wie wir gesehen haben, setzt die Mutter als Frau ihr Kind an die Stelle des imaginären Phallus, und das Kind identifiziert sich seinerseits mit dieser Stelle, um das mütterliche Begehren zu erfüllen. Das Begehren der Mutter, wie das jeder Frau, besteht darin, den Phallus zu haben. Das Kind identifiziert sich also mit diesem Phallus, indem es selbst dieser Phallus sein möchte; derselbe Phallus, den die Mutter begehrt, seit sie in die ödipale Phase eingetreten ist. Daher nistet sich das Kind in dem fehlenden Teil des unbefriedigten Begehrens des mütterlichen Anderen ein. Auf diese Weise etabliert sich eine unkündbare Beziehung zwischen einer Mutter, die glaubt, den Phallus zu haben und einem Kind, das glaubt, dieser Phallus zu sein. Der kastrierende Akt zielt also nicht, wie man es mit Freud formulieren hätte können, ausschließlich auf das Kind, sondern auf die *Verbindung* Mutter – Kind. Der Ausführende dieser Trennungsoperation ist im allgemeinen der Vater, der das Gesetz des Inzestverbots repräsentiert. Indem er der Mutter klar macht, daß sie das Kind nicht wieder in ihren Bauch zurückholen kann, und indem er das Kind damit konfrontiert, daß es seine Mutter nicht besitzen kann, kastriert der Vater die Mutter von jeglicher Illusion, den Phallus zu haben, und er kastriert zugleich das Kind von jeglicher Illusion, für die Mutter der Phallus zu sein. Das väterliche Wort, das das symbolische Gesetz verkörpert, nimmt daher eine doppelte Kastration vor: Es kastriert den mütterlichen Anderen hinsichtlich des *Phallus-Habens* und das Kind hinsichtlich *des Phallus-Seins.*

Um die Abweichung der Theorie Lacans von Kastration und Phallus bezüglich der Thesen Freuds mit Nachdruck hervorzuheben, stellen wir bei Lacan fest:

- daß die Kastration nicht so sehr Drohung oder Neid ist, sondern ein Akt der Trennung;
- daß dieser Akt eher auf eine Verbindung als auf eine Person abzielt;
- daß dieser Akt auf ein Objekt gerichtet ist, den imaginären Phallus, das von der Mutter begehrte Objekt, mit dem sich das Kind identifiziert;
- daß der Akt der Kastration, selbst wenn ihn der Vater ausführt, in Wirklichkeit nicht die Tat einer physischen Person, sondern die symbolische Operation des väterlichen Wortes ist. Der Kastrationsakt ist das Werk des Gesetzes, dem auch der Vater selbst als Subjekt unausweichlich unterworfen ist.

Mutter, Vater, Kind sind alle der symbolischen Ordnung, die jedem seinen bestimmten Platz zuweist und ihrem Genießen eine Grenze auferlegt, unterworfen. Lacan zufolge besteht die Wirksamkeit der Kastration im Vollzug – in allen seinen Varianten – dieses unpersönlichen Gesetzes, das wie eine Sprache strukturiert und von Grund auf unbewußt ist. Eine Erfahrung, die zu durchlaufen, ein Hindernis, das zu überwinden, eine Entscheidung, die zu treffen, eine Prüfung, die zu bestehen ist, etc.; das alles sind Einsätze im Alltagsleben, die, ohne daß das Subjekt es weiß und um den Preis eines Verlustes, die trennende Kraft einer symbolischen Grenze reaktualisieren. Man versteht nun den Sinn der Formulierung von Lacan: Die Kastration ist symbolisch und ihr Objekt imaginär. Das heißt, daß sie das Gesetz ist, das die Illusion jedes Menschen, sich für den Besitzer einer imaginären Allmacht zu halten oder sich damit zu identifizieren, bricht.

Wir können nun der dritten Bedeutung des symbolischen Phallus gewahr werden, insofern diese von Lacan mit dem Gesetz selbst assimiliert ist, in dessen Macht es steht, den Inzest zu verbieten und die Verbindung Mutter–Kind zu trennen. Damit stehen wir einem einzigartigen Paradoxon gegenüber: Ein und derselbe Phallus ist als *imaginärer* das *Objekt* im Visier der Kastration und als *symbolischer* der *Schnitt*, den die Kastration durchführt. Die Schwierigkeit, die Theorie Lacans vom Phallus klar darzulegen, rührt genau von diesen vielfältigen Funktionen, die der Phallus verkörpert. Der reale Penis existiert, da er libidinös besetzt ist, nur als imaginärer Phallus; der imaginäre Phallus seinerseits existiert, weil austauschbar, nur als symbolischer Phallus; und der symbolische Phallus schließlich verschwimmt, als Signifikant des Begehrens, mit dem trennenden Gesetz der Kastration.

III. Der Begriff des Narzißmus

UNTER MITARBEIT VON SYLVIE LE POULICHET[15]

Der Mythos von Narziß hat bekanntlich die Liebe, die dem eigenen Bild entgegengebracht wird, zum Gegenstand. Der Bezug auf diesen Mythos könnte darum den Eindruck erwecken, daß eine solche Liebe von den sexuellen Trieben, wie Freud sie nachgewiesen hat, völlig unabhängig wäre. Im Feld der Psychoanalyse jedoch bezeichnet der Begriff des Narzißmus, im Gegensatz dazu, einen besonderen Modus des Verhältnisses zur Sexualität.

Um den Begriff des Narzißmus darzustellen, werden wir seiner Entwicklung durch die aufeinanderfolgenden Arbeiten von Freud und Lacan folgen. Wir werden nicht die Gesamtheit der Verweise bei diesen beiden Autoren erstellen, sondern versuchen, die wichtigsten Linien zu entwickeln, die das Verständnis des Begriffs umreißen.

Die Verwendung eines Schemas, das J.-D. Nasio vorgeschlagen hat, wird es uns erlauben, die entscheidenden theoretischen Vorstöße zu verfolgen.

DER BEGRIFF DES NARZISSMUS BEI FREUD

1898 macht Havelock Ellis eine erste Anspielung auf den Mythos von Narziß, und zwar in bezug auf Frauen, die ihrem Bild im Spiegel verhaftet sind. Aber es ist Paul Näcke,

der 1899 zum ersten Mal den Begriff »Narzißmus« ins Feld der Psychiatrie einführt. Er bezeichnet mit diesem Begriff einen Zustand der Selbstliebe, der eine neue Kategorie der Perversion darstelle. Zu dieser Zeit stellt Freud sich die Frage der *Neurosenwahl:* Warum wird jemand zwangsneurotisch und nicht hysterisch? Die Erklärung dafür sieht er im Alter, in dem das zugrundeliegende Trauma aufgetreten ist.
Erst 1910 gelangt Freud dann dazu, in Reaktion auf Abweichungen einiger seiner Schüler, seine Position zum Narzißmus zu präzisieren. Er kritisiert radikal die Thesen von Jung: In seinen Studien zu den Psychosen hatte Jung den Libido-Begriff derart erweitert, daß dieser jede sexuelle Bedeutung verlor. Zugleich widerspricht Freud auch Sadger bezüglich der Frage des Narzißmus in der Homosexualität. In beiden Fällen betont Freud, daß ein falscher Gebrauch des Narzißmus-Begriffs zu einer Abweichung innerhalb der psychoanalytischen Forschung führen kann. Diese Abweichung bestehe darin, daß die Funktion der sexuellen Triebe unterschätzt wird. Freud hingegen betont, einmal mehr, deren Vorherrschaft. Schließlich führen diese Debatten zur Ausarbeitung einer differenzierten Narzißmus-Theorie.

Wenn wir alle Thesen Freuds über den Narzißmus zusammenstellen, so entdecken wir einige Widersprüche, die teilweise durch die sukzessiven Modifikationen der Theorie entstanden sind. Anstatt der Entwicklung entlang der Texte zu folgen, werden wir hier versuchen, die wichtigsten Züge der Freudschen Konzeption hervorzuheben.
1911 faßt Freud in seiner Studie über die Psychose des Präsidenten Schreber erstmals den Narzißmus als ein normales Stadium der Libido-Entwicklung auf. Mit dem Begriff der »Libido« bezeichnet Freud die sexuelle Energie, die vom Körper ausgeht und die Objekte besetzt.

Primärer und sekundärer Narzißmus

Freud unterscheidet zwei Narzißmen, den primären und den sekundären. Wir werden sie in dieser Reihenfolge abhandeln. 1914 – in seinem Aufsatz, der der »Einführung« des Narzißmus gewidmet ist – definiert Freud den primären Narzißmus als einen Zustand, den man zwar nicht direkt beobachten kann; jedoch müsse man ihn in einem Rückschluß hypothetisch annehmen.

Zu Beginn existiert keine Einheit, die dem Ich *(moi)* vergleichbar wäre; letzteres entwickelt sich nur schrittweise. Die erste Form einer Befriedigung der Libido ist der Autoerotismus, das heißt: die Lust, die ein Organ durch sich selbst erhalten kann; die Partialtriebe suchen, jeder für sich, ihre Befriedigung am eigenen Körper. Dies ist der Befriedigungstyp, der, Freud zufolge, den primären Narzißmus charakterisiert: Er besteht, solange das Ich *(moi)* als solches noch nicht konstituiert ist. Die Objekte, die somit durch die Triebe besetzt werden, sind die Teile des eigenen Körpers:

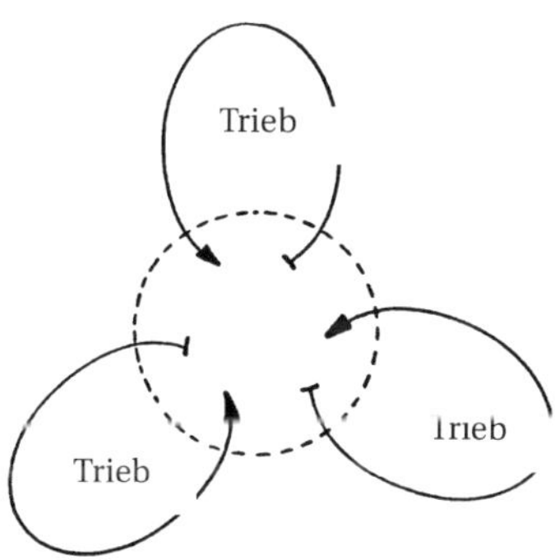

Abbildung 1
Primärer Narzißmus. Jeder Trieb befriedigt sich autoerotisch am eigenen Körper

1914 verdeutlicht Freud die Rolle der Eltern bei der Konstitution des primären Narzißmus. Er schreibt: »Wenn man die Einstellung zärtlicher Eltern gegen ihre Kinder ins Auge faßt, muß man sie als Wiederaufleben und Reproduktion des eigenen, längst aufgegebenen Narzißmus erkennen.«[16] Der Narzißmus der Eltern »lebt wieder auf«, er »reproduziert sich«, indem sie ihrem Kind all jene Perfektionen zuschreiben und auf es all jene Träume projizieren, denen sie selbst entsagen mußten. »His Majesty the Baby« soll »die unausgeführten Wunschträume der Eltern erfüllen« und damit die Unsterblichkeit ihres Ich sicherstellen. Der primäre Narzißmus stellt in gewisser Weise einen Raum der Allmacht dar, der durch das Zusammentreffen zwischen dem neugeborenen Narzißmus des Kindes und dem wiedergeborenen Narzißmus der Eltern entsteht. In diesen Raum werden sich die Bilder und Worte der Eltern einschreiben, ebenso wie die Wünsche, die – einem Bild von François Perrier zufolge – von den guten und den bösen Feen über der Wiege des Kindes ausgesprochen werden.[17]

Verorten wir nun den sekundären Narzißmus, der dem Narzißmus des Ich entspricht. Damit der sekundäre Narzißmus entsteht, ist es erforderlich, daß die Besetzung der Objekte auf eine Besetzung des Ich rückgewendet wird. Der Übergang zum sekundären Narzißmus setzt also zwei Bewegungen voraus,[18] die wir im nächsten Schema sehen werden (Abbildung 2):

a) Das Subjekt konzentriert, Freud zufolge, seine sexuellen Partialtriebe, »die bis dahin auf auto-erotische Weise gewirkt hatten«, auf ein Objekt; die Libido besetzt das Objekt, obwohl der Genitalprimat noch nicht hergestellt ist.

b) Dann wenden sich diese Besetzungen zurück auf das Ich. Die Libido nimmt nun das Ich zum Objekt.

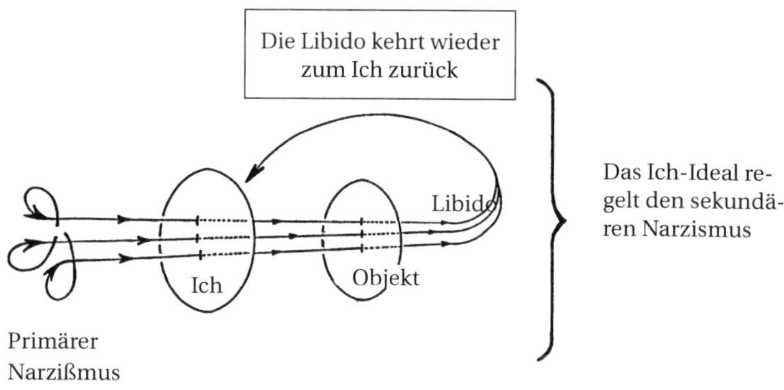

Abbildung 2
Die Bewegung der Libido
im sekundären Narzißmus

Warum tritt das Kind aus dem primären Narzißmus heraus? Es gibt ihn auf, weil sein Ich sich mit einem Ideal konfrontiert sieht, mit dem es sich messen muß – einem Ideal, das sich außerhalb von ihm gebildet hat und das ihm von außen aufgenötigt wird.

Das Kind wird zunehmend den Forderungen der Welt unterworfen, die es umgibt – Forderungen, die sich symbolisch durch die Sprache vermitteln. Seine Mutter spricht zu ihm, aber sie wendet sich auch an andere. Das Kind bemerkt nun, daß sie auch etwas anderes als es begehrt und daß es nicht alles für sie ist: solcherart ist die Wunde, die dem primären Narzißmus des Kindes beigebracht wird. Von nun an wird das Ziel darin bestehen, sich zum Gegenstand der Liebe des anderen zu machen, ihm zu gefallen, um seine Liebe wiederzugewinnen. Dies aber ist nur möglich, indem man gewissen Forderungen genügt, jenen des *Ich-Ideals (idéal du moi)*. Dieser Begriff bezeichnet bei Freud die kulturellen, sozialen Vorstellungen, die ethischen Imperative, wie sie durch die Eltern übermittelt werden.

Nach Freud besteht die Entwicklung des Ich darin, sich vom primären Narzißmus zu entfernen. Das Ich aber sehnt sich sehr intensiv danach, diesen wiederzufinden. Dazu, d.h. um die Liebe und die narzißtische Vollkommenheit wiederzugewinnen, geht es durch die Vermittlung des Ich-Ideals hindurch. Was verloren ist, ist die Unmittelbarkeit der Liebe. Während im primären Narzißmus der andere man selbst war, kann man sich nun nicht anders erfahren als durch den anderen. Aber das wichtigste Element, das den primären Narzißmus stört, ist der »Kastrationskomplex«. Durch ihn entsteht die Anerkennung einer Unvollkommenheit und damit das Begehren, die narzißtische Vollkommenheit wiederzufinden.

Selbstbild (image du moi) und sexuelles Objekt

Die Darstellung des Narzißmus, die wir bisher gegeben haben, schließt ein Bild des Objekts und ein Bild des Ich ein; wir werden nun diese beiden Bilder in ihrem Verhältnis zur sexuellen Besetzung betrachten.
Kommen wir zurück auf die Thesen, die Freud in bezug auf die Wahl des Liebesobjekts bei den Homosexuellen vertritt: Diese werden selbst zu ihrem eigenen Sexualobjekt, sagt Freud, das heißt, daß sie »vom Narzißmus ausgehend jugendliche und der eigenen Person ähnliche Männer aufsuchen, die sie so lieben wollen, wie die Mutter sie geliebt hat.«[19] Sich selbst auf dem Umweg über seinesgleichen zu lieben – das ist es, was Freud die »narzißtische Objektwahl«[20] nennt. Und er präzisiert, daß jede Liebe zu einem Objekt einen Anteil an Narzißmus enthält.[21] In bezug auf den Präsidenten Schreber bemerkte Freud, daß der »Sexualüberschätzung des eigenen Ichs« jene des Liebesobjekts entspricht.[22] Wir können auf diesem Weg aus den Freudschen Texten die Idee ableiten, daß das Ich ein Spiegelbild des Objekts darstellt; mit anderen Worten, das Ich gestaltet

sich nach dem Bild des Objekts. Aber es ist wichtig zu betonen, daß dieses geliebte Bild ein sexuell besetztes Bild ist. Im Fall der Homosexualität handelt es sich um ein Bild, das darstellt, was die Mutter begehrt; indem er dieses Bild liebt, nimmt der Homosexuelle sich selbst zum Sexualobjekt.

Was die narzißtische Objektwahl betrifft, verweist Freud auch auf einen Zustand, worin »die Frau sich selbst genügt«, genaugenommen niemanden als sich selbst liebt, sich Lust zu verschaffen versucht, indem sie sich zeigt. Der Narzißmus kann also begriffen werden als eine Besetzung des eigenen Bildes unter der Form eines Phallus.

Insofern es sich hier um ein Verhältnis zwischen dem Selbstbild *(image du moi)* und dem Bild des Objekts handelt, werden die Freudschen Thesen sich durch die Theorie der Identifizierung verdeutlichen lassen.

Narzißmus und Identifizierung

Ausgehend von seiner Untersuchung der Trauer und der Melancholie hat Freud 1917 die narzißtische Identifizierung begrifflich gefaßt: Das Ich identifiziert sich mit dem Bild eines begehrten und verlorenen Objekts. In der Melancholie kehrt die Objekt-Besetzung zum Ich zurück, »der Schatten des Objekts fiel so auf das Ich«, sagt Freud.[23] Die Identifizierung des Ich mit dem totalen Bild des Objekts stellt einen archaischen Modus der Identifizierung dar, worin das Ich sich gegenüber dem Objekt in einer Beziehung der Einverleibung befindet. Diese Studie stellt einen bedeutenden Schritt für die Theorie des Narzißmus dar – und wie es sich in der Freudschen Vorgangsweise oft zeigt, wird die Analyse der pathologischen Phänomene es erlauben, die normalen Prozesse zu erhellen.

Nach 1920 legt Freud die allgemeinen Thesen vor, die aus dieser Studie über die Melancholie hervorgegangen sind. Er präzisiert vor allem, daß »der Narzißmus des Ich ... ein sekundärer, den Objekten entzogener«[24] ist, und betont, daß »die Libido, welche dem Ich durch die Identifizierungen zufließt, dessen sekundären Narzißmus herstellt.«[25]

Auf diese Weise trägt die Transformation der Objektbesetzungen in Identifizierungen wesentlich zur Ichbildung bei. Das Ich resultiert also aus der »Sedimentierung von Besetzungen aufgegebener Objekte«; es enthält in gewisser Weise die »Geschichte seiner Objektwahlen«[26]. Insofern kann man sagen, daß das Ich aus einer Serie von »Zügen« des Objekts besteht, die sich ihm unbewußt einschreiben: Das Ich nimmt die Züge des Objekts an (Abbildung 3). Wir können uns also das Ich wie eine Zwiebel vorstellen, die durch verschiedene Schichten von Identifizierungen mit dem anderen gebildet ist.

Zusammenfassend definiert sich der sekundäre Narzißmus somit als die libidinöse (sexuelle) Besetzung des Bildes des Ich, wobei dieses Bild durch die Identifizierungen des Ich mit den Bildern der Objekte konstituiert ist.

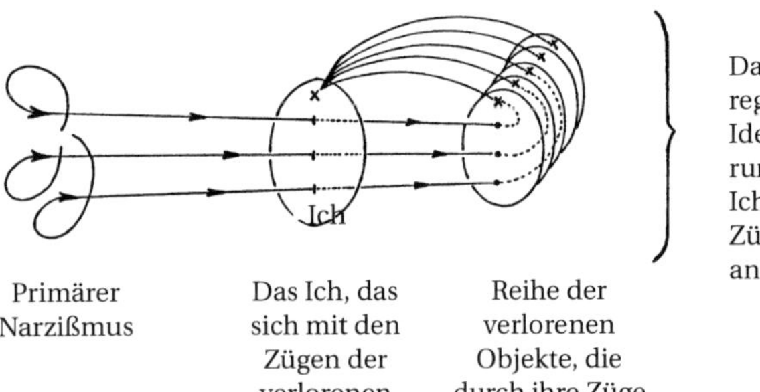

Abbildung 3
Die Bewegung der Libido in der Identifizierung des Ich mit den Zügen der Objekte

Narzißtische Neurosen und Stauungen der Libido

In seinem Artikel von 1914 versuchte Freud, ausgehend von seiner Narzißmus-Theorie auf die Frage nach der Krankheitswahl zu antworten: Warum wird man beispielsweise hysterisch und nicht paranoid?

Es zeigte sich, daß der Neurotiker eine erotische Beziehung mit den Objekten durch die Vermittlung von Phantasmen aufrechterhält, während die Subjekte in den Fällen von Dementia praecox und Schizophrenie (Affektionen, die Freud als »narzißtische Neurosen« bezeichnet) »wirklich« ihre Libido von den Personen und der äußeren Welt abgezogen haben. In diesen beiden narzißtischen Krankheiten entsteht ein Rückzug jener Libido, mit der das Objekt besetzt war. Darüber hinaus akkumuliert das Ich die gesamte Libido, die nunmehr in ihm stagniert, und das Objekt löst sich von ihm ab. Der Bruch mit dem Objekt korreliert einem Stoppen der Libido-Zirkulation.

Wir können diesen Bruch dem folgenden Schema entsprechend darstellen (Abbildung 4).

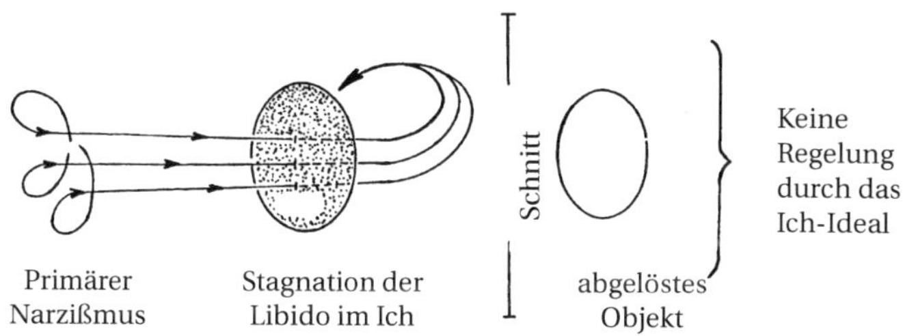

Abbildung 4
Bewegung der Libido im Narzißmus der Psychose

Präzisieren wir, daß der Neurotiker, Freud zufolge, ebenso seine Beziehung zur Realität aufgibt; seine Libido aber bleibt im Phantasma an bestimmte Teile des Objekts geheftet: »... er hat ... die realen Objekte durch imaginäre seiner Erinnerung ersetzt oder sie mit ihnen vermengt ... «[27]

In demselben Artikel von 1914 beschreibt Freud andere Formen von »Stauungen der Libido«. Diese stellen zugleich Wege dar, die einen Zugang zur Frage des Narzißmus ermöglichen: Es handelt sich um die organische Erkrankung und um die Hypochondrie. In der organischen Erkrankung zieht der Kranke punktuell sein gesamtes »libidinöses Interesse« von der Außenwelt und seinen Liebesobjekten zurück, während sich eine Rückwendung der Libido auf sein Ich vollzieht. Um das zu illustrieren, zitiert Freud eine aussagekräftige Passage von Wilhelm Busch, die vom Zahnschmerz des Poeten handelt: »Einzig in der engen Höhle des Backenzahnes weilt die Seele.«[28] Die Libido zirkuliert nicht mehr, sobald sich diese narzißtische Überbesetzung seitens der »psychischen Repräsentanz der schmerzenden Körperstelle«[29] einstellt. Und Freud zeigt, daß die Libido und das Ichinteresse hier nicht voneinander unterschieden werden können.

Die Modifikation, die die Libido erfährt, ist äußerst ähnlich im Fall der Hypochondrie, wobei es effektiv gleichgültig ist, ob die Krankheit wirklich oder eingebildet ist. Der Hypochonder besetzt eine Zone seines Körpers, die den Wert eines Sexualorgans im Zustand der Erregung annimmt; da der erogene Charakter eine allgemeine Eigenschaft aller Organe ist, ist es gleichgültig, welcher Teil des Körpers als ein genitales, schmerzhaft sensibles Organ besetzt wird. Und auch hier hört die Libido zu zirkulieren auf. Freud beschreibt derart zwei Konfigurationen, in denen der Narzißmus in gewisser Weise erstarrt ist; ohne daß der Bruch mit dem Objekt total wäre, gibt es in diesen beiden Konfigurationen eine »narzißtische Rückwendung«, die die Bewegung des Begehrens stoppt.

Die großen Argumentationslinien, die sich in den Freudschen Texten entwickeln, sind nun gezogen. So werden wir darangehen zu sehen, wie Lacan den Begriff des Narzißmus wieder aufnimmt und weiter bearbeitet.

DER BEGRIFF DES NARZISSMUS BEI LACAN

Erste Periode (1932-1953)

Die ersten Texte von Jacques Lacan beschäftigen sich mit der Frage des Narzißmus ausgehend vom Studium der Paranoia. Bei seiner Untersuchung über den Fall Aimée 1932 stützt Lacan sich auf den Freudschen Begriff der »narzißtischen Objektwahl« – und ebenso auf einen Aufsatz von 1922, in dem Freud sich der Analyse der neurotischen Mechanismen der Eifersucht, der Paranoia und der Homosexualität widmet.

Bekanntlich war Aimée, nachdem sie versucht hatte, eine berühmte Schauspielerin zu ermorden, in der Klinik Sainte-Anne interniert worden. Dies ist der Moment, in dem Lacan ihr begegnet. Aus der Beobachtung ergibt sich, daß im Fall von Aimée die Libido auf das Bild der Schwester fixiert bleibt: Sie kann sich selbst nicht sehen außer im Bild der Schwester. Und dieses angebetete Objekt präsentiert sich zugleich als Eindringling und Verfolger: Es gibt bei Aimée eine heftige Liebe zum Bild des Verfolgers, welche von einer echten Selbstverneinung begleitet wird.

Lacan zufolge hat die Feindseligkeit Aimées gegen ihre Schwester sich auf andere Frauen verschoben, und der Mordversuch an der Schauspielerin entspricht einer Abwehrreaktion gegen das Eindringen des angebeteten Objekts. Eine derartige Reaktion wird begreifbar, wenn man klarstellt, daß Narzißmus und Aggressivität bei jedem Subjekt korrelativ und gleichzeitig in der Phase der Ichbildung *(formation du moi)* auftreten. Da das Ich sich ausgehend vom Bild des anderen bildet, entsteht eine Spannung, sobald das Subjekt seinen eigenen Körper im Bild des anderen sieht: Es nimmt seine Herrschaft über sich selbst als im anderen verwirklicht wahr, und doch bleibt dieser ihm fremd. Im Fall von Aimée, die dem Bild der Schwester verhaftet und darin erstarrt war, war es notwendig geworden, dieses Bild zu unterdrücken, um die Spannung zu beenden und die Libido zum Ich zurückzuholen. Der Bezug auf das Ichideal *(idéal du moi)* scheint bei Aimée zu fehlen; nichts reguliert und vermittelt ihre imaginäre Beziehung zum anderen.

Das Studium der Paranoia hat Lacan also dazu veranlaßt, die entscheidenden Prozesse der Ichbildung offenzulegen und ihr Verständnis zu vertiefen. Der Fortgang seiner Untersuchungen führt ihn 1936 zur Theorie des »Spiegelstadiums«, welches die Entstehung des Ich *(moi)* darstellt. Wir werden kurz dessen Charakteristika darlegen.

Das Ich ist gebunden an das Bild des eigenen Körpers. Das Kind sieht sein totales Bild als Reflexion im Spiegel, aber es besteht eine Diskordanz zwischen diesem globalen Anblick der Form seines Körpers, durch welchen die Ichbildung gleichsam überstürzt wird, und dem Zustand von Abhängigkeit und motorischer Unzulänglichkeit, in dem es sich in Wirklichkeit befindet. Lacan hebt hier die Prämaturation (die Tatsache der – biologisch gesehen – verfrühten Geburt des Menschen, Anm. d. Übers.), den Zustand der Ohnmacht des Kleinkindes, hervor; dies sei der Grund für eine derartige imaginäre Entfremdung im Spiegel. Lacan zeigt, wie das Kind in dieser Erfahrung die Beherrschung seines Körpers antizipiert: Während es sich bislang als zerstückelter Körper empfunden hat, findet es sich nunmehr gefangen, fasziniert von diesem Bild im Spiegel, und es jubiliert. Aber es handelt sich dabei um ein Idealbild von ihm, mit dem es sich niemals wird vereinigen können. Das Kind identifiziert sich mit diesem Bild und erstarrt nun in einer »Statur«. Es nimmt sich selbst für dieses Bild und zieht den Schluß: »Das Bild bin ich« *(»l'image c'est moi«)*, obwohl dieses Bild außerhalb von ihm situiert, ihm äußerlich ist. Dies ist es, was Lacan als die Ur-Identifizierung mit einem Idealbild von sich selbst bezeichnet.

Bisher haben wir von der Bildung des Ich im Bezug auf das Bild des ihm Gleichenden gesprochen; wir sagten, daß das Ich sich durch das Bild des anderen bildet. Tatsächlich fungiert der andere aber auch als Spiegel:

a) Zunächst rivalisiert das Kind mit seinem eigenen Bild im Spiegel. Aber dies ist schließlich das einzige, flüchtige Mal, wo es wirklich sein totales Bild sieht.

b) Diese Identifizierung bereitet die Identifizierung mit dem gleichartigen anderen vor, in deren Verlauf das Kind mit dem Bild des anderen rivalisieren wird. Hier besitzt der andere sein Bild, der Körper des anderen ist sein Bild.

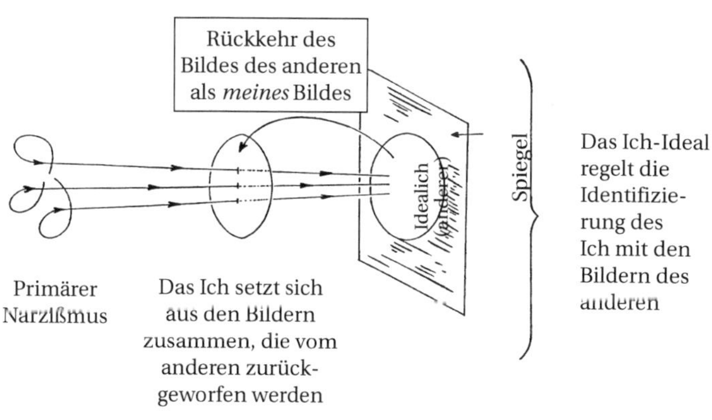

Abbildung 5
Ichbildung durch die Bilder des anderen.
Die Bewegung der Libido folgt der Rückkehrbewegung des Bildes des anderen, welches damit als mein Bild zurückkehrt.

Das Bild im Spiegel und das Bild im gleichartigen anderen nehmen im Schema (Abbildung 5) dieselbe Position, und zwar in der Form eines Idealich *(moi idéal)*, ein.

Im Verlauf dieser Periode, die von 1932 bis 1953 dauert, arbeitet Lacan seine Theorie des Narzißmus anhand seiner Untersuchungen zur Paranoia, zur Ichbildung und zur Aggressivität aus. Er formuliert schließlich mehrere neue Thesen:
a) Das Ich *(moi)* ist auf den Narzißmus reduziert: Es kann in keinem Fall einem Subjekt der Erkenntnis gleichgesetzt werden, etwa im Rahmen des Systems »Wahrnehmung-Bewußtsein«. Das Ich ist nichts anderes als jenes imaginäre Verhaftetsein, das den Narzißmus charakterisiert. [30]
b) Das Spiegelstadium bezeichnet die Entstehung des Ich *(moi)*.
c) Narzißmus und Aggressivität konstituieren sich im selbem Moment. Es ist der Moment der Ichbildung im Bild des anderen.
Freud hingegen hatte sie (in seinem Text von 1922[31]) zu zwei verschiedenen Zeiten angesetzt: zuerst Aggressivität, dann Konversion in Liebe durch narzißtische Objektwahl.
d) Schließlich behält Lacan aus dem Studium der Paranoia einen Aspekt bei, den er als ein allgemeines Merkmal betrachtet: Das Ich besitzt eine paranoische Struktur, es ist ein Ort der Verkennung. Das heißt, ich erkenne das, was in mir ist, nicht wieder und sehe es außen, beim anderen (wie es vor allem die Analyse der Projektion in der Eifersucht zeigt).

Zweite Periode (1953-1958)

In dieser Zeit besteht Lacan auf dem Primat des Symbolischen.

Bild und Begehren.

Durch das gesamte Seminar I über Freuds technische Schriften reflektiert Lacan über die Frage des Verhältnisses zum gleichartigen anderen.
Aufgrund der narzißtischen Identifizierung mit dem anderen ist das Kind fasziniert, gefangen durch das Bild des anderen, der eine Position der Beherrschung verkörpert. Nehmen wir an, das Kind sieht seinen kleinen Bruder am Busen der Mutter saugen: In diesem Bild des anderen wird das Kind einen Anhaltspunkt finden, es wird sein eigenes Begehren wieder- bzw. anerkennen. Weil es sich mit diesem anderen identifiziert, erscheint sein Begehren als das Begehren des anderen. Und zunächst will es an seiner Stelle sein. In einer Schaukelbewegung des Austauschs mit dem anderen, sagt Lacan, erfährt sich der Mensch als Körper, als Körperform. Denn der erste Schwung von Appetit und Begehren entwickelt sich beim menschlichen Subjekt durch die Vermittlung einer Form, die es projiziert sieht, außerhalb seiner, zunächst im eigenen Spiegelbild, dann im anderen. Das ursprüngliche, konfuse Begehren, das sich im Schreien des Kindes ausdrückt, hat sich verkehrt in den anderen, den das Kind wiederzuerkennen bzw. anzuerkennen lernt.

Das narzißtische Bild konstituiert auf diese Weise eine der Bedingungen für das Erscheinen des Begehrens und seiner Anerkennung. Das Bild des Körpers »ist der Ring, der Flaschenhals, durch den das konfuse Bündel des Begehrens *(désir)* und der Bedürfnisse *(besoins)* hindurchmuß.«[32]

Die Vermittlung des Ich-Ideals.

Kommen wir auf die duale Beziehung zum gleichartigen anderen zurück: Wir sagten, daß das Kind sich vom Bild des anderen gefangen findet und daß es sein Begehren im anderen wahrnimmt. Damit entsteht eine Spannung: Es müßte diesen anderen, der es selbst ist, zerstören; denjenigen zerstören, der den Ort der Entfremdung darstellt. Das Kind sieht seine Herrschaft über sich selbst und sein Begehren im anderen realisiert – so sehr, daß es, im Zentrum dieser reinen Spiegel-Logik, dazu gelangt, den Mord am anderen zu begehren. Eine solche duale Beziehung wird tatsächlich unlebbar, es gibt keinen befriedigenden Ausweg in dieser Beziehung zwischen einem Ich und einem Idealich *(moi idéal)*, denn es gibt keine Subjektivierung: Das Subjekt erkennt sich darin nicht wieder, weil es sich darin nur gefangen *(capté)* findet. Nur das Ich-Ideal *(idéal du moi)*, das symbolischer Natur ist, kann die Beziehungen zwischen dem Ich und dem Idealich regeln.

Das Ich-Ideal entspricht, wie wir gesehen haben, einer Reihe von symbolischen Zügen, die durch die Sprache, die Gesellschaft, die Gesetze bedingt sind. Diese Züge sind introjiziert und leisten die Vermittlung in der dualen imaginären Beziehung: Das Subjekt findet für sich einen Platz an einem Punkt – dem Ich-Ideal –, von wo aus es sich als liebenswert sieht, unter der Bedingung, daß es gewisse Forderungen erfüllt. Das Symbolische gelangt so zur Vorherrschaft über das Imaginäre, das Ich-Ideal über das Ich. Das Symbolische überlagert das Imaginäre und organisiert es. 1954 sagt Lacan, daß es das symbolische Ich-Ideal ist, welches den Narzißmus trägt. Das Ich-Ideal repräsentiert eine symbolische Introjektion (im Gegensatz zum Idealich, das einer imaginären Projektion gleichzusetzen ist). Diese symbolische Introjektion entsteht mit dem Signifikanten des Vaters als einem Dritten in der dualen Beziehung zur Mutter.

Narzißmus und die Einschreibung der Signifikanten

Erinnern wir uns:

- das Ich entsteht im Spiegel
- der andere ist ein Spiegel
- aber die Ordnung der Sprache, die symbolische Ordnung, trägt den Narzißmus, indem sie eine Vermittlung zwischen dem Ich und dem gleichartigen anderen organisiert.

Wozu dienen die Bilder? Die symbolische Ordnung ist präexistent gegenüber dem Subjekt, sie ist bereits da. Gleichwohl müssen die Symbole, um sich zu offenbaren, durch einen Körper als Träger hindurch. Was sich auf der symbolischen Ebene abspielt, ereignet sich unter lebenden Wesen. Das Ich *(moi)* und die imaginäre Beziehung sind notwendig, damit eine Einlagerung der symbolischen Realität (Sprache, Gesetz ...) in die Realität des Subjekts stattfinden kann.

1955, im Seminar II über das Ich, kommt Lacan auf die Frage des Narzißmus zurück: Damit eine Beziehung zum Objekt des Begehrens entstehen kann, muß es eine narzißtische Beziehung des Ich zum anderen geben. Der Narzißmus stellt die notwendige Bedingung dafür dar, daß die Begehren der anderen bzw. die Signifikanten sich einschreiben. Eine mögliche Definition des Signifikanten wäre, unter anderen, die folgende: Der Signifikant ist ein Element einer sprachlichen Kette, worin das Begehren des anderen sich einschreibt. Und das Bild des Körpers gibt den Rahmen ab für die signifikanten Einschreibungen des Begehrens des anderen. Das Bild des Körpers stellt den ersten Ort der Anheftung der Signifikanten dar, und zwar zunächst der Signifikanten der Mutter. Die Art der Einschreibung, insbesondere die Abfolge der Identifizierungen, bestimmt die Weise, in der sich die Fluktuationen der Libido gestalten werden.

Das Bild des anderen erscheint nunmehr als fragmentarisch: Es handelt sich um Serien von Bildern, ein Ensemble von Zügen, die das Subjekt besetzt.
Es gibt für jedes Subjekt eine Serie von privilegierten Signifikanten, eine Serie von Elementen, worin das Begehren des anderen sich einschreibt, und diese Signifikanten werden sich ihm in der imaginären Beziehung zum gleichartigen anderen eröffnen. Sie werden in der narzißtischen Beziehung zum anderen Wirksamkeit, Konsistenz annehmen. Illustrieren wir diese Thesen mithilfe einer klinischen Sequenz, die 1930 von Helene Deutsch präsentiert und von Lacan am 7. Mai 1969 in seinem Seminar mit dem Titel *D'un autre à l'Autre (Von einem anderen zum Anderen)* kommentiert wurde. Es handelt sich um die Geschichte einer Kindheitsphobie, erzählt von einem zwanzigjährigen Mann. Als er sieben war, spielte er mit seinem größeren Bruder im Hof des Bauernhauses, in dem er aufwuchs. Er befand sich in einer gehockten Stellung, als plötzlich sein großer Bruder auf ihn sprang, ihn in dieser Position festhielt und sagte: »Ich bin der Hahn, und du bist die Henne.« Der kleine Junge weigerte sich, die Henne zu sein, ihm kamen die Tränen, am Gipfel der Wut. Von diesem Moment an hatte der Junge eine Hühner-Phobie. Die Episode mit dem Bruder wirkte enthüllend: Sie zeigte dem Subjekt, was es bislang im Verhältnis zu seiner Mutter gewesen war. Seit langem hatte der Junge sich mit seiner Mutter um den Hühnerstall gekümmert, und sie gingen gemeinsam nachsehen, ob die Hennen richtig legten. Der Kleine mochte die Art, in der die Mutter ihn berührte und ihn spielerisch fragte, bevor sie ihn wusch, ob sie ihn mit dem Finger berühren sollte, um nachzusehen, ob er vielleicht dabei wäre, ein Ei zu legen. Der Junge nahm für die Mutter die Rolle einer Henne ein, er war imstande, den Mangel aufseiten der Mutter zu beheben, indem er ihr »Hühnchen« verkörperte und imstande war, ihr fäkale Eier zu legen. Er war dadurch ausgerichtet auf das Genießen der

Mutter, ohne die Frage nach seinem Begehren und seinem Mangel auftauchen zu sehen.

Diese Sequenz zeigt, daß es gerade durch die narzißtische Beziehung zum gleichartigen anderen, durch das von ihm zurückgeschickte Bild, passiert, daß dem Subjekt der Signifikant »Huhn« enthüllt wird. In der imaginären Beziehung zum anderen wird ihm das enthüllt, was es lange gewesen ist, ohne es zu wissen.

Dritte Periode (ungefähr ab 1960)

Während dieser Periode widmet sich Lacan vor allem der Frage des Realen. Was den Narzißmus betrifft, geht es dabei in erster Linie um die Frage der Beziehung zwischen Bild und Trieb (besonders in den Seminaren über die Übertragung, die Identifizierung, die vier Grundbegriffe der Psychoanalyse, dann in »Subversion des Subjekts und Dialektik des Begehrens«). In den folgenden Überlegungen werden wir uns vorwiegend auf die Seminare von J.-D. Nasio aus den Jahren 1985 und 1986 stützen: *Der unbewußte Schmerz* und *Der Blick in der Psychoanalyse.*

Lacan kommt auf die Dialektik im Spiegelstadium zurück und bemerkt, daß der Anblick des Bildes im anderen, für sich allein genommen, nicht genügt, um das Bild des eigenen Körpers zu konstituieren – denn sonst hätte der Blinde kein Ich! Was zählt, damit das Bild hält, ist die Existenz eines Lochs in diesem Bild: Ich kann mein Bild im Spiegel sehen, aber was ich nicht sehen kann, ist mein eigener Blick. Dementsprechend ist das Bild, das der andere mir zurückschickt, nicht vollständig. Es bleibt gelöchert, denn der andere ist ebenso ein triebhaftes Wesen.

Betrachten wir diese Elemente in bezug auf das Spiegelstadium. Wenn das Kind sein eigenes Bild erblickt, wendet es sich zur Mutter zurück. Zwei Aspekte sind hier wesentlich:

• Einerseits erwartet es von ihr ein Zeichen, eine Zustimmung, ein »Ja«. Es appelliert an die Mutter in ihrer symbolischen Dimension, als die, die benennt, die in der Benennung Ordnung bewirkt.
• Andererseits sieht es, daß die Mutter es anblickt: Es nimmt den Blick, das Begehren der Mutter wahr. Es konfrontiert sich also mit der triebhaften Mutter – mit der, die einen Mangel hat und die darum begehrt.

Weil der andere triebhaft ist, bleibt ein Loch in seiner Macht über sich, eine Leerstelle oder ein Fleck in seinem Bild, bestehen. Es gibt also Libido, die nicht durch das Bild gedeckt ist; es bleibt ein sexueller Anteil übrig, der das Bild durchlöchert. Dieses Loch im Bild bezeichnet Lacan als φ (imaginärer Phallus). Vor diesem Loch entsteht die Angst *(angoisse)*.
Das Bild beinhaltet also immer ein Stück des Realen, das heißt einen nicht gedeckten Teil des Sexuellen. Und auf dieses Loch werden sich die Triebobjekte setzen, auf diesem Loch im Bild wird sich das Objekt *a*, Ursache des Begehrens, einquartieren.

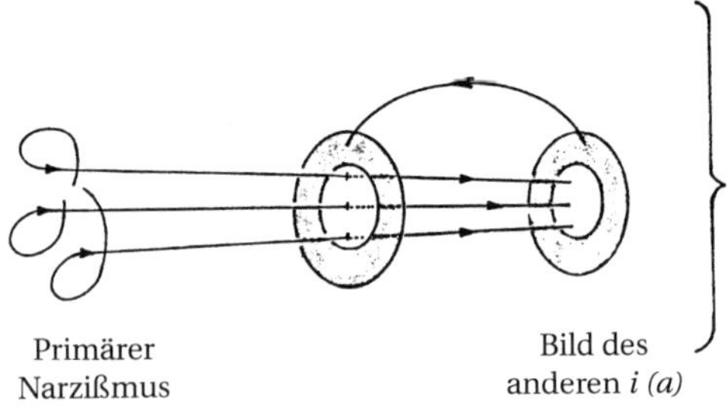

Abbildung 6
Hin- und Rückbewegung zwischen dem Bild des gelöcherten Ich und dem Bild des gelöcherten anderen

Nehmen wir das Schema wieder auf (Abbildung 6):

Das Objekt des Triebes stellt sich niemals nackt dar, es muß umkleidet sein von Bildern. Die Beziehung des Subjekts zum Trieb bietet sich nie dar, ohne daß es Bilder gibt, die vom gleichartigen anderen zurückgeschickt werden. Schließlich wird der Narzißmus dem Triebobjekt sein Gewand geben, er hüllt es ein – Lacan schreibt: *i (a)*. Wir haben (im Schema) den Buchstaben *a* auf das Loch des Bildes gesetzt, und *i (a)* umgibt es im Schema. Das Ich *(moi)*, der Narzißmus, ist also aus einem Ensemble von besetzten Bildern zusammengesetzt, die um einen Mangel zirkulieren; es handelt sich um eine Montage rund um ein Loch. Das reale Loch stellt die Ursache der Montage des Narzißmus dar, und die besetzten Bilder ermöglichen es, sich in diesem Aufklaffen einzurichten.

Aber es ist sehr wichtig zu bemerken, daß dieses reale Loch verdoppelt wird durch ein anderes Loch, das der symbolischen Welt angehört. Es besteht eine Beziehung der Verdoppelung zwischen zwei Mängeln. Der Andere, der große Andere der Sprache *(langage)*, Tresor der Signifikanten, erweist sich ebenfalls als gelöchert: Der Andere ist unfähig, dem Kind einen adäquaten Signifikanten zu geben, einen, der es befriedigen würde. Um dies zu illustrieren: Die Mutter kann sagen »Du bist schön«, »Du bist mein kleiner Junge« etc., aber ein Signifikant, der ihn selbst als Ganzen in seinem Sein bezeichnen würde, bleibt unsagbar. Ein Mangel erscheint sofort im Feld der Rede *(langage)*; er bewirkt die Wiederaufnahme des Sprechens *(parole)* und des Begehrens, sobald er sich dem Trieb-Loch überlagert.

Kommen wir nun zum Ich zurück: Als seine wesentliche Charakteristik erscheint nun, daß es »gelöchert« ist. Übrigens erscheinen mein eigenes Bild und das Bild des anderen als ein und dieselbe Instanz: als das Ich, insofern es eine Ansammlung von Bildern ist.

Freud bezeichnete die »narzißtische Rückwendung« als eine Sackgasse. In bezug auf die Übertragungsliebe bemerkte er, daß die Fixierung des Patienten auf die Person des Analytikers die analytische Arbeit sehr schwierig macht. Denn die Libido kapselt sich in einer Bildung ein, worin das Objekt wie das Ich behandelt wird.
Dennoch stellt die Hinwendung der Libido zum Analytiker eine wesentliche Bewegung für die Übertragung dar; es ist notwendig, daß beim Patienten die »zur Arbeit und zur Veränderung treibenden Kräfte«[33] weiterbestehen. Mit anderen Worten, die Liebe, die immer einen Anteil an Narzißmus enthält, konstituiert ein wichtiges Moment für die Errichtung der Übertragung, unter der Bedingung, nicht zu einer Beziehung der »Masse zu zweit«[34] zu kristallisieren. Die narzißtisch besetzten Bilder dürfen die Bewegung der Libido nicht stoppen, sondern sie nur kanalisieren.

Was Lacan betrifft, gibt es in seiner Position eine Entwicklung gemäß den drei bereits dargestellten Perioden:

• 1936, als Lacan die Frage des Narzißmus ausgehend vom Spiegelstadium bearbeitet, nimmt das Ich des Analytikers gerade den Platz eines Spiegels in der Konzeption der Übertragung ein. Und auf diesem Spiegel, diesem jungfräulichen Bildschirm, soll der Patient sein eigenes Bild rekonstituieren – in dem Maß, in dem er formuliert, woran er leidet.[35] Der Patient ignoriert faktisch alle Elemente des Bildes, das ihn zum Agieren veranlaßt und sein Symptom determiniert; darum teilt ihm der Analytiker »das Schicksal dieses Bildes« mit.[36]

• Ab 1953, als sich der Primat des Symbolischen bekräftigt, betrachtet Lacan ein solches Vorgehen als auf eine illusorische narzißtische Voraussetzung gegründet. Das Ich erscheint nun als ein reiner Ort von Verkennung und Entfremdung: Es konstituiert ein Ensemble von Gewißheiten und Glaubens-Überzeugungen, mit denen das Individuum sich blind macht. Daher muß das Ich des Analytikers sich vollkommen absentieren, um den Effekten der Sprache *(langage)* Platz zu machen. Und was er sagt, wird weniger wichtig als »der Ort, von dem aus er spricht«[37] – d.h. der Ort des Anderen, Ort der Sprache.

- Schließlich, ab 1964, zeigt sich von neuem die Notwendigkeit, sich auf die Bilder zu stützen, damit das Begehren zirkuliert. Ebenso wird die körperliche Präsenz des Analytikers wieder zu einem notwendigen Verankerungsort. Aber obwohl anwesend, gibt sich das Ich des Analytikers nicht mehr als eine glatte Oberfläche; es ist gelöchert: Der Analysant konzentriert sich auf die Bilder, heftet sich an *i (a)*, und sieht, wie sich schrittweise das Objekt *a*, Objekt seines Begehrens, davon ablöst. Damit die Triebbewegungen nicht mehr in den Bildern erstarren und der Abstand zwischen den Bildern und den Objekten des Begehrens sich aushöhlt, tritt das Ich des Analytikers in Form eines gelöcherten »Kanals« auf.

Hiermit haben wir also, in eiliger Präsentation, die Modifikationen versammelt, die die Theorie des Narzißmus für die Konzeption der Übertragung bewirkt hat. Wir fügen hinzu, daß Lacan in seiner letzten Formulierung über das Verhältnis zwischen Narzißmus und Übertragung der Freudschen Theorie am nächsten scheint.
Wir denken, daß die Entwicklung der Theorie Lacans, insofern sie den Platz des Ich in der analytischen Kur betrifft, teilweise an jene Annäherung an das Ich erinnert, wie sie sich im Lauf einer Behandlung vollzieht.
Die Psychoanalyse vernachlässigt das Ich nicht: Sie zielt unter anderem darauf ab, ein Bild bzw. eine Haltung, die sich

in einem ersten Moment als Trugbild einer Macht über sich zeigt, zu fragmentieren. Indem die aufklaffenden Triebe und die Löcher des Diskurses ins Spiel gebracht werden, entsteht ein Aufrollen der ichhaften Oberfläche zu einem mit Bildern ausgelegten Kanal. Die Sprache stürzt das Ich in die Zirkel des Anspruchs *(demande)* und des Begehrens *(désir)*; dadurch fragmentiert es sich in Splitter.

Es sind jedoch keine ungeordneten Splitter. Sie sind verbunden mit der Wiederaufnahme des Begehrens: Der analytische Prozeß bringt die Bilder auf eine Umlaufbahn rund um die Objekte als Ur-Sachen des Begehrens.

IV. Der Begriff der Sublimierung

Die Sublimierung wird von Psychoanalytikern oft als Begriff angesehen, der nicht zum näheren Bereich ihrer klinischen Praxis gehört, der innerhalb der Theorie nicht sicher verankert ist und der mit zu allgemeiner, ästhetischer, moralischer oder intellektueller Bedeutung konnotiert ist. Die oft mißbräuchliche Verwendung des »Sublimierungsbegriffes in der immer fragwürdigen Domäne der angewandten Psychoanalyse« und die Klärung dieses Konzepts, das nie von Freud wirklich erschöpfend behandelt worden ist, lassen verstehen, daß die Sublimierung von verschiedenen Autoren schließlich in den Rang einer sekundären theoretischen Wesenheit verschoben worden ist. Unsere Auffassung weicht davon ab. Wir glauben nämlich ganz im Gegenteil, daß der Sublimierungsbegriff, auch wenn er an der Grenze der Psychoanalyse zu situieren ist, einen Hauptbegriff darstellt und ein wesentliches theoretisches Werkzeug für den Psychoanalytiker in der Handhabung der Kur bleibt. Hauptbegriff deshalb, weil er am Kreuzungspunkt verschiedener Konzeptionen liegt, wie etwa der metapsychologischen Triebtheorie, der dynamischen Theorie der Ich-Abwehrmechanismen und insbesondere der Lacanschen Theorie des Dings. Er ist aber auch ein bedeutsames klinisches Werkzeug, weil er am Platz des Zuhörens des Analytikers wichtig ist, um gewisse Variationen in der Bewegung der Kur zu erkennen und hervorzuheben, obwohl dieser Begriff nicht sofort im Laufe einer Analyse zu erfassen ist.

Nun aber bleibt jenseits dieser doppelten begrifflichen und technischen Wichtigkeit der Sublimierungsbegriff ein notwendiges Stück für die Kohärenz der Freudschen Theorie, was sich auch in den folgenden Fragen zum Ausdruck bringen läßt: Welchen Grund gibt es für die Existenz des Begriffs der Sublimierung? Was ist sein theoretischer Einsatz? Für welches Problem ist er die einzige Lösung? Darauf können wir antworten, daß die Sublimierung der einzige psychoanalytische Begriff ist, der zu erklären vermag, daß schöpferische Werke des Menschen – künstlerische, wissenschaftliche, ja sogar sportliche Leistungen –, auch wenn sie dem Sexualleben ferne stehen, dennoch ihre Produktion einer sexuellen Kraft verdanken, die aus einer sexuellen Quelle schöpft. Die Wurzeln und die Energie des Sublimierungsprozesses sind somit triebhaft sexuell (prägenital: oral, anal, phallisch), während das Resultat dieses Prozesses eine nichtsexuelle Realisierung bedeutet, die mit den vollendetsten Idealen einer gegebenen Epoche übereinstimmt. So können wir nunmehr bestätigen, daß der Sublimierungsbegriff grundsätzlich der Notwendigkeit der psychoanalytischen Theorie Rechnung trägt, den sexuellen Ursprung des schöpferischen Elans des Menschen aufzuzeigen.

*

Wir haben nun die Sublimierung als ein Mittel dargestellt, welches die Energie der sexuellen Kräfte transformiert und auf ein höheres Niveau hebt, indem sie in eine positive und schöpferische Kraft umgewandelt wird. In umgekehrter Weise aber müssen wir sie gleichermaßen als das Mittel zur Mäßigung und zur Abschwächung der exzessiven Intensität dieser Kräfte betrachten. In diesem Sinn erachtet Freud die Sublimierung von Anfang an als einen der Abwehrmechanismen des Ich gegen den gewaltsamen Einbruch des Sexuellen oder, wie er 20 Jahre später schreibt, als eine der Abwehrarten, die der direkten und vollständigen Entladung des Triebs entgegenstehen. Der Sublimierungsbegriff läßt sich auch entsprechend zweier komplementärer Standpunkte betrachten, welche die verschiedenen Freudschen Ansätze zusammenfassen: Entweder ist die Sublimierung der elaborierteste und der am höchsten sozialisierte Ausdruck des Triebes, oder sie ist ein Abwehrmechanismus, der das Übermaß und den Überfluß des Trieblebens herabzumildern vermag.

Entsprechend der gleichzeitigen Betrachtung dieser beiden Perspektiven werden wir uns mit folgenden Themen beschäftigen:

- die Sublimierung in ihrem Widerstand gegen die Wiederkehr einer unerträglichen sexuellen Erinnerung;
- die Sublimierung als Gegensatz zum Leidenschaftlichen in der analytischen Beziehung;
- die Sublimierung als Gegensatz zur Übermacht der Triebkraft – Definition eines sublimierten Triebes;
- die Sublimierung als die plastische Fähigkeit des Triebes;
- ein Beispiel für Sublimierung: die sexuelle Neugier in ihrer Sublimierung zum Begehren nach Wissen;
- die zwei Bedingungen des Sublimierungsprozesses: das Ich und das Ich-Ideal des schöpferischen Menschen;
- danach werden wir auf den Lacanschen Ansatz des Sublimierungsprozesses eingehen, indem wir seine Behauptung kommentieren: »Die Sublimierung erhebt das Objekt zur Würde des Dings«;
- zum Abschluß werden wir die grundsätzlichen Merkmale eines sublimierten Triebes zusammenfassen, sowie die spezifischen Züge eines Werks, das sich der Sublimierung verdankt, darstellen.

Die Sublimierung ist ein Abwehrmechanismus gegen die unerträgliche sexuelle Erinnerung

1897, in den Fließ-Briefen[38], stellt sich Freud die Frage nach der Struktur der Hysterie und er entdeckt, daß die Ursache dieser Pathologie im unbewußten Willen des Patienten besteht, eine Verführungsszene durch den Vater mit sexuellem Charakter zu vergessen. Um die gewaltvolle Wiedererinnerung der sexuellen Szene zu vermeiden, erfindet das hysterische Subjekt Phantasmen, die auf dem Boden jener Erinnerung gebildet werden, die es beseitigen möchte. Dem Kranken gelingt es so, die Spannung zu vermindern, d. h. die Erinnerung zu *sublimieren.* Diese Zwischenphantasmen haben auch die Aufgabe, durch Läuterung und Sublimierung dem Ich eine akzeptablere Version des verdrängten sexuellen Ereignisses anzubieten. Wohlgemerkt: Was hier sublimiert wird, ist die sexuelle Erinnerung, und das Phantasma selbst ist einerseits das Mittel zur Erreichung dieser Sublimierung und andererseits das Endprodukt der Sublimierung.

Freud gibt uns das Beispiel eines hysterischen Mädchens, das unbewußte Schuldgefühle wegen seiner inzestuösen Wünsche gegenüber seinem Vater hat. Die Patientin ringt mit einer unbewußten Erinnerung, die sie vergessen möchte und in welcher sie sich mit sexuell begehrenden Frauen identifiziert, genauer gesagt mit Hausangestellten niedriger Moral, welche die Patientin verdächtigt, einen verbotenen Sexualverkehr mit ihrem Vater gepflogen zu haben. Um die Wiederkehr dieser aufgrund ihres inzestuösen Charakters unerträglichen Erinnerung zu verhindern, konstruiert das Mädchen ein phantasmatisches Szenario, das sich von jenem der Erinnerung unterscheidet und in welchem sie sich selbst verachtet fühlt und dabei fürchtet, der Prostitution verdächtigt zu werden. In der Erinnerung identifiziert sie sich mit den den Vater offenbar begehrenden Stubenmädchen, während sie im Phantasma vermittels einer Transmutation, welche Freud *Sublimierung* nennt, zwar mit den gleichen Frauen identifiziert ist, wobei aber diese hier als verachtenswürdige und der Prostitution beschuldigte Frauen erscheinen. Dank der Sublimierung verwandelt sich im

Phantasma das unbewußte und unerträgliche Schuldgefühl hinsichtlich ihres Begehrens des Vaters, wie es in der Erinnerung präsent ist, in ein bewußtes und erträgliches Schuldgefühl bezüglich eines Prostitutionsverdachtes. Über die Sublimierung, die hier als eine *Verwandlung im Sinn der Moral* zu verstehen ist, hat das Phantasma eine inzestuöse und amoralische Erinnerung moralisch erträglich werden lassen. Das unbewußte Schuldgefühl, den Vater zu begehren, wurde dank der *Sublimierung* durch das bewußte Gefühl, Opfer des Begehrens der anderen zu sein, ersetzt. Stellen wir nebenbei fest, daß dieser Wechsel nur um den Preis neurotischer Symptomentwicklung ermöglicht wurde, wie etwa der von der jungen Hysterikerin erlebten Angst, allein auf die Straße zu gehen, weil sie fürchten müßte, für eine Prostituierte gehalten zu werden.
Wir gelangen nun zu einem ersten Schluß, indem wir der Sublimierung eine Abwehrfunktion zusprechen, welche den unerträglichen Charakter sexueller Erinnerungen, von denen das Subjekt nichts wissen will, abschwächt oder umwandelt. Die Sublimierung hat die Verschiebung einer unbewußten psychischen Repräsentanz, gebunden an ein inzestuöses Begehren, zu einer anderen psychischen Repräsentanz bewerkstelligt, welche für das Bewußtsein akzeptabel ist, obwohl sie mit Symptomen einhergeht und Leiden verursacht.

Die Sublimierung ist eine Abwehr gegen das Übermaß an (Liebes-)Übertragung in der Kur

Freud stellt aber auch die Abwehrfunktion der Sublimierung ins Zentrum der analytischen Kur selbst. Hier tritt die Bedrohung durch das Auftauchen des Sexuellen in ganz spezifischer Weise im Rahmen der Übertragungsbeziehung zum Vorschein und kann sich beispielsweise unter der Form eines Liebesanspruchs der Patientin gegenüber ihrem Analytiker manifestieren. »Die Übertragung«, sagt Freud, »kann als stürmische Liebesforderung auftreten oder in gemäßigten Formen ... Manche Frauen verstehen es, die Übertragung zu sublimieren und an ihr zu modeln, bis sie eine Art von Existenzfähigkeit gewinnt.«[39] Die Übertragung sublimieren können heißt also, daß die Liebesbeziehung mit ihrem leidenschaftlichen Charakter durch progressive Enterotisierung einer handhabbaren analytischen Beziehung weichen kann und sogar muß. Nach einem ersten Moment libidinöser Besetzung in Bezug auf ein erogenes Objekt, hier der Psychoanalytiker, entwickelt sich der Prozeß der Sublimierung genauso langsam wie etwa die Trauerarbeit oder auch wie jene andere Arbeit, die für den Analysanten darin besteht, in sein Innerstes die vom Analytiker stammenden Deutungen zu integrieren (das Durcharbeiten). Die der Leidenschaft in der Übertragung folgende Sublimierung, die auf den Verlust folgende Trauer und das der Deutung folgende Durcharbeiten benötigen jeweils viel Zeit, eine unentbehrliche Zeit, damit sich die vielfachen Repräsentanzen des unbewußten Denkens verketten lassen.

Aber der zeitlichen Notwendigkeit gesellt sich noch das Gewicht jenes Schmerzes bei, welcher der unbewußten Tätigkeit des Denkens inhärent ist. Denn zu denken, d.h. sich unaufhörlich von einer sexuellen Repräsentanz zu einer anderen, nicht sexuellen zu bewegen, schmerzt; für den Analysanten ist das Sublimieren immer eine schmerzvolle Aktivität. In seinem Briefwechsel mit Oskar Pfister bekennt sich Freud zur Einsicht, daß für die Mehrzahl der Patienten die Wege der Sublimierung zu mühsam sind. Denn sie sind gezwungen, sich den Forderungen der analytischen Arbeit zu unterwerfen, welche eine Zeit zur Beherrschung der Triebe beinhaltet – also einen Anteil an Sublimierung –, und damit auf ihre Neigung zu verzichten, sich der Lust einer direkten sexuellen Befriedigung hinzugeben[40].

Die Sublimierung ist eine Abwehr gegen die direkte Triebbefriedigung. Definition eines sublimierten Triebes

Betrachten wir nun die Sublimierung in ihrem Verhältnis zum Sexuellen nicht mehr nur bezüglich einer unerträglichen Erinnerung, auch nicht in Bezug auf einen Leidenschaftszustand der Übertragung, sondern hinsichtlich einer Triebregung, welche zu einer sofortigen Befriedigung neigt. Erinnern wir uns, daß es dem Trieb niemals gelingt, den Weg einer direkten und vollständigen Entladung einzuschlagen, weil ihm das Ich aus Furcht, überschwemmt zu werden, eine Abwehraktion entgegenstellt. Die Sublimierung wird ja gerade von Freud als eine der vier Abwehrmodalitäten betrachtet, welche vom Ich gegen das Übermaß an Trieb eingesetzt werden. Diese Abwehrmodalitäten werden geläufiger als Triebschicksale bezeichnet, weil die Endstrecke eines Triebs von den Barrieren abhängt, die er auf seinem Weg vorfindet.

Der Triebfluß kann in erster Linie das Schicksal der *Verdrängung* erfahren, oder aber eines Verdrängungsversuchs, welcher von einem Mißerfolg begleitet ist und somit zu einem neurotischen Symptom Anlaß gibt. Dieser gleiche Fluß kann auch – als zweites Schicksal – eine andere Art von Widerstand erfahren: Das Ich zieht den Triebfluß vom äußeren Objekt, welches es besetzt hatte, ab und wendet ihn gegen sich selbst. Die charakteristische psychische Formation dieses zweiten Schicksals, in welchem der Trieb *zum eigenen Ich*[41] zurückkehrt, ist das Phantasma. In einem Phantasma ist somit die Besetzung eines sexuellen Objekts ersetzt durch eine Identifizierung des Ich mit diesem selben Objekt. Die dritte Umwandlung des Triebflusses besteht in einer reinen und einfachen *Hemmung*. Der gehemmte Trieb verwandelt sich also in einen Zärtlichkeitsaffekt. Und schließlich – viertes Schicksal, welches uns hier vor allem interessiert – wird die Triebregung abgelenkt und schlägt den Weg der *Subli-*

mierung ein. In diesem Fall sagen wir, daß ein Trieb sublimiert ist, wenn seine Kraft von seinem ersten Ziel, eine sexuelle Befriedigung zu erlangen, abgelenkt ist, um sich damit in den Dienst eines sozialen Ziels zu stellen, wobei dieses künstlerischer, intellektueller oder moralischer Natur sein kann. Der Wechsel vom sexuellen Ziel des Triebes zu einem anderen, nichtsexuellen ist aber nur unter der Bedingung möglich, daß zunächst das Mittel zur Erreichung des neuen Ziels sich ändert. Damit der Trieb sublimiert wird, d. h. damit er eine nicht-sexuelle Befriedigung erlangt, muß er sich auch eines ebenfalls nichtsexuellen Objekts bedienen. Die Sublimierung besteht also darin, sowohl das sexuelle Objekt als auch das sexuelle Ziel des Triebs durch ein nicht sexuelles Objekt und ein nicht sexuelles Ziel zu ersetzen.
Aber diese doppelte Substitution von Objekt und Ziel, gleichwohl wesentlich für den Sublimierungsprozeß, definiert ihn noch nicht genau. Es muß präzisiert werden, daß ein sublimierter Trieb auch zwei allen Trieben gemeinsame Eigentümlichkeiten unterstreicht. Einerseits bewahrt der sublimierte Trieb wie jeder Trieb die sexuelle Qualität seiner Energie (ob der Trieb sublimiert ist oder nicht, die Libido ist immer sexuell); und andererseits erhält sich der sublimierte Trieb, wie jeder Trieb, ständig am Leben (sublimiert oder nicht, bleibt die Kraft seiner Aktivität konstant, d. h. immer auf der Suche nach einer vollen Befriedigung, die allerdings niemals definitiv erreicht wird). Damit soll gesagt sein, daß die sublimierte Triebkraft immer sexuell bleibt, weil ihre Herkunft sexuell ist; und sie bleibt stets aktiv, weil ihr Ziel nie ganz erreicht wird, so daß ihr Drängen beharrlich insistiert. Wir wissen, daß das Ziel eines Triebs die Entladung seiner Spannung und die damit erreichte Erleichterung ist; wir wissen aber auch, daß diese Entladung niemals vollständig ist, daß die Befriedigung unaufhebbar partiell bleibt. Infolgedessen kann die Befriedigung, sei sie sexuell (verdrängter

Trieb) oder nicht-sexuell (sublimierter Trieb), nur eine partielle sein oder, wenn man will: Sie bleibt Unbefriedigung. Ob es sich nun um das durch die Verdrängung erzeugte Symptom handelt oder um das Phantasma, das durch die Rückkehr des Triebs zum Ich entsteht, oder um die von der Hemmung stammende Zärtlichkeit oder aber auch um das durch Sublimierung entstandene künstlerische Werk, wir werden dabei immer die verschiedenen Ausdrucksweisen der gleichen Unbefriedigtheit erkennen, d. h. der gleichen partiellen Befriedigung. Die menschlichen Wesen sind, wie Freud es sieht, begehrende Wesen, deren einzige Realität die Unzufriedenheit ist[42].

Was charakterisiert also, kurz gesagt, die Sublimierung? Auf der vergeblichen Suche nach einer (unmöglich bleibenden) Befriedigung im Sinn einer vollständigen Entladung ist die Sublimierung eine partielle Befriedigung, welche sich anderen als erotischen sexuellen Objekten verdankt. Wir können also folgenden Schluß formulieren:

Ein sublimierter Trieb kann *sexuell* genannt werden, wenn wir an seinen Ursprung und an die libinöse Natur seiner Energie denken, und er kann als *nicht-sexuell* bezeichnet werden, wenn wir an die erreichte Befriedigung und an das Objekt denken, das eine solche ermöglicht.

Die Sublimierung als Ausdruck der Plastizität des Triebs

Strenggenommen müssen wir diese zuletzt gemachte Schlußfolgerung nuancieren; wir müssen sauber den sublimierten Trieb von der Sublimierungsoperation, die ihn ermöglicht hat, unterscheiden. Die Sublimierung ist nicht so sehr eine Befriedigung als vielmehr die *Fähigkeit* des Triebes, neue, nichtsexuelle Befriedigungen zu finden. Sublimierung bedeutet vor allem Plastizität, Geschmeidigkeit der Triebkraft. Freud stellt es genau dar: Die Sublimierung ist die »Fähigkeit zum Austausch eines sexuellen Ziels gegenüber einem anderen, das nicht mehr sexuell ist«[43], d.h. die Fähigkeit, eine sexuelle Befriedigung gegen eine andere, entsexualisierte auszutauschen. Das Triebschicksal, das wir Sublimierung nennen, ist genaugenommen der Vorgang des Austausches selbst, die Tatsache der Substituierung selbst. Eher als eine besondere Befriedigungsweise ist die Sublimierung auch vor allem der *Übergang* von einer Befriedigung auf eine andere.

Ein Sublimierungsbeispiel: die sublimierte sexuelle Neugier

Der Fall der infantilen sexuellen Neugier als direkter Ausdruck eines voyeuristischen Triebes und seine Umwandlung schließlich in Wissensdurst illustriert deutlich diese Substituierung einer sexuellen Finalität durch eine andere, entsexualisierte Finalität. Das erste Ziel der sexuellen Neugier besteht beispielsweise darin, Lust zu finden an der Entdeckung der verborgenen Geschlechtsteile des weiblichen Körpers und so das unvollständige Bild eines teilweise verhüllten Körpers zu komplettieren. Die sexuelle Untersuchung des weiblichen Körpers durch das Kind kann sich aber später, beim Erwachsenen und dank der Sublimierung in ein globaleres Begehren nach Wissen verwandeln. Man kann mit Freud sagen, daß der Schautrieb sublimiert ist, »wenn die Neugier nicht mehr auf die Geschlechtsteile konzentriert ist, sondern auf den ganzen Körper«. Wir haben schon erwähnt, daß in der Sublimierung der Wechsel des Ziels nur dann bewerkstelligt werden kann, wenn ein Objektwechsel stattfindet: Der Körper in seiner Ganzheit tritt an die Stelle der Lokalregion der Geschlechtsorgane; das Ganze nimmt die Stelle eines Teils ein. Sicher ist, daß im voyeuristischen Trieb beide, Ziel und Objekt, ihr Wesen verändern: Das Ziel des sexuellen Zugangs (*visuelle Lust zu gewinnen, indem man den sexuellen weiblichen Körper enthüllt und erforscht*) wird zum nichtsexuellen Ziel (*z. B. Lustgewinn an der Kenntnis der Körperanatomie*), und das sexuelle und lokalisierte Objekt (*Genitalorgane*) wird nichtsexuell und global (*der Körper als Studienobjekt*). So besteht die Sublimierung des voyeuristischen Triebs im Übergang von einer erotischen und partiellen Befriedigung, gebunden an ein lokalisiertes erotisches Objekt (die weiblichen Genitalorgane), zu einer anderen, nicht-sexuellen, aber immer noch partiellen Befriedigung, die mit einem umfassenderen und entsexualisierten Objekt verbunden ist (der ganze Körper als wissenschaftliches Erkenntnisobjekt). Das lokalisierte Bild, welches die erotisierte sexuelle Gegend verhüllte und die kindliche Neugier auf sich zog, verwandelt sich fortschreitend über Vermittlung der Sublimierung in ein globales Bild des Körpers, welches das zum Kreativen gehörende Begehren nach Wissen erzeugt. Hier geht es um den anderen Drang und Durst, dem nach Erkenntnis und Produktion, welcher den Künstler zur Schaffung seines Werks veranlaßt.

Um den Sublimierungsprozeß zu illustrieren, wollen wir uns auf eine berühmte klinische Beobachtung Freuds beziehen, in welcher die infantile sexuelle Neugier und auch andere Triebbildungen sublimiert erscheinen. Es handelt sich um den Fall des 5jährigen Kindes, des »kleinen Hans«, wie er sich der Angst ausgesetzt fühlt, von den Pferden auf der Straße gebissen zu werden[44]. Diese kindliche phobische Angst, auf der Straße der Gefahr von Tieren ausgesetzt zu sein, stammt aus der Verwandlung der libidinösen Triebenergie in Angst; der sexuelle Drang der unbewußten Triebe wird beim Kind zur bewußten phobischen Angst. In der Tat unterliegt die den Trieben zugehörige libidinöse Energie, von welcher Hans erfaßt ist (sadistische Impulse gegenüber der Mutter, feindselige und homosexuelle Tendenzen gegenüber dem Vater, voyeuristisch-exhibitionistische Triebe, phallische Triebe am Ursprung der Masturbation), zwei

Schicksalen. Ein Teil der Libido wird in Angst verwandelt, nachdem ein Verdrängungsversuch an ihr mißlungen ist. Demgegenüber wird ein anderer Anteil der libidinösen Energie, welcher dem Verdrängungsversuch entkommen ist, unter der Form eines lebhaften Interesses des Kindes für ein nichtsexuelles und globales Objekt sublimiert: die Musik. Diese neue libidinöse Besetzung, die sich auf Tönen und auf musikalischer Harmonie festsetzt, führt zu einem langen Sublimierungsprozeß, der sich bis zum Erwachsenenalter fortsetzen wird und der aus Hans einen ausgezeichneten Musiker machen wird.

Die zwei Bedingungen des Sublimierungsprozesses

1) Um wirksam zu werden, benötigt die Sublimierung die Intervention des narzißtischen Ich. Wir haben den Ausdruck »entsexualisierte Befriedigung« verwendet. Was versteht man aber unter Entsexualisierung? Der Begriff ist nicht eindeutig, da er es nahelegen könnte, daß es im Trieb keine sexuelle Libido mehr gäbe. Nun haben wir aber gerade das Gegenteil behauptet. Halten wir noch einmal fest, daß die sublimierte Libido niemals ihren sexuellen Ursprung verliert. In der Sublimierung handelt es sich nicht darum, den Trieb »global zu entsexualisieren«, sondern nur darum, sein Objekt zu entsexualisieren. Entsexualisieren heißt, die libidinöse Besetzung von einem als erotisch betrachteten Objekt abzuziehen, um es auf ein anderes, nichtsexuelles Objekt zu übertragen, um so eine, ebenfalls nichtsexuelle, Befriedigung zu erreichen. Aber der Erfolg dieses entsexualisierenden Austausches hängt von einer Zwischenoperation ab, die für jede Sublimierung entscheidend ist: Das Ich zieht zunächst die Libido vom sexuellen Objekt ab, wendet sie danach gegen sich selbst und weist schließlich dieser Libido ein neues und nichtsexuelles Ziel zu. Wie wir sehen, überläßt das anfängliche Ziel des Triebes, eine direkte sexuelle Befriedigung zu erlangen, nunmehr den Platz einer sublimierten Befriedigung, zum Beispiel einer künstlerischen, und zwar dank des vermittelnden Genießens der narzißtischen Gratifikation des Künstlers. So ist es also der Narzißmus des Künstlers, der die kreative Aktivität seines sublimierten Triebs bedingt und fördert.

Hier ist eine Präzisierung notwendig. Nicht jede Entsexualisierung ist gleichzeitig eine Sublimierung, aber andererseits ist jede Sublimierung notwendigerweise eine Entsexualisierung. Anders gesagt gibt es Entsexualisierungen, welche keinerlei Beziehung zur Sublimierung haben wie etwa die tägliche Arbeitstätigkeit oder die Freizeitaktivitäten. Was aber ist das Spezifische am Sublimierungsprozeß? Um darauf zu antworten, müssen wir zunächst die zweite notwendige Bedingung dieses Prozesses herausarbeiten.

2) Das Ich-Ideal veranlaßt und lenkt die Sublimierung. Der Sublimierungsprozeß, d. h. der Übergang von einer erotisierten und infantilen Befriedigung zu einer anderen, nichterotisierten und intellektuellen Befriedigung könnte nicht ohne notwendige Unterstützung der symbolischen Ideale und der sozialen Werte einer jeweiligen Epoche erfolgen. Die Tatsache, daß diese durch Sublimierung geschaffenen Werke sozialen Wert annehmen, bedeutet aber nicht, daß sie irgendeiner sozialen Zweckmäßigkeit dienen. Im allgemeinen sind die künstlerischen, intellektuellen oder moralischen Schöpfungen keinerlei besonderen praktischen Forderung unterworfen. Der beste Beweis dafür ist die Frühzeitigkeit der Sublimierungsprozesse bei den Kindern, wie wir es im Falle des kleinen Hans gesehen haben oder auch die sublimierten Triebe, wie sie im Rahmen der analytischen Kur anläßlich der Arbeit des Analysanten wieder zu Tage treten. Ob es sich nun um einen Maler, um einen Musiker, um ein Kind oder um einen Analysanten handelt, so sehen wir sie alle mit einer Aufgabe beschäftigt, deren Resultat man nicht an Kriterien der Effizienz, der Zweckmäßigkeit oder des Profits messen kann. Wenn wir behaupten, daß die die sublimierte Befriedigung liefernden Objekte entsexualisierte und soziale Objekte sind, denken wir vor allem daran, daß sie sozialen Idealen gehorchen, welche einen Anreiz zur Schaffung neuer signifikanter Formen geben. Diese sozialen Ideale, interiorisiert und eingeschrieben im Ich des schöpferischen Menschen, haben einen integrativen Anteil an der bedeutsamen psychischen Bildung, welche Freud als *Ich-Ideal* bezeichnet. Das Verhältnis dieser Idealbildung zur Sublimierung ist nicht immer deutlich von Freud erhellt worden[45]. Wir können hingegen behaupten, daß das Ich-Ideal zwei Funktionen bezüglich des Sublimierungsprozesses erfüllt.

In erster Linie spielt das Ideal, worauf wir gerade hingewiesen haben, die Rolle des *Auslösers* des Prozesses mit der Besonderheit, daß nach dem ersten Anreiz zur Sublimierungsbewegung der kreative Elan des Werkes sich von jenem Ich-Ideal ablöst, von dem es anfänglich seine Anregung erhielt. Im Falle des kleinen Hans ist es sehr wohl die Musik als eine Idealtätigkeit des Vaters, welche die Gestalt eines Ich-Ideals annimmt und das Kind zu einem Hörgenuß von Tönen und Melodien anregt, sodaß es so das neurotische Leiden seiner Phobie kompensieren kann. Sobald es einmal das erste auditive Genießen erlebt hat, wird der Triebdrang der Sublimierung zur reinen Liebe von Tönen, zur intimen Verschmelzung, physisch sinnlich, gebunden an die Materialität des klanglichen Raumes; von diesem Augenblick an schrumpft jede ideale Referenz, jede Norm oder jeder abstrakte Wert zugunsten eines immer sinnlichen und leidenschaftlichen Kontakts, den der Künstler mit dem Material seiner Schöpfung aufrechterhält.

Dieser ersten Funktion eines symbolischen Anreizes gesellt sich eine zweite hinzu, wonach das Ideal die *Richtung* der begonnenen Bewegung anzeigt. Genau diese zweite Referenzfunktion des Ich-Ideals läßt eine Formulierung Freuds, welche oft verwendet, aber selten erläutert wird, klarer werden. Wenn Freud behauptet, daß die Sublimierung Triebbefriedigung *ohne Verdrängung* bedeutet, so heißt dies keineswegs, daß die Triebkraft befreit und ganz und gar frei von jedem Zwang erscheint. Der Ausdruck »ohne Verdrängung« meint sicherlich die Abwesenheit einer Zensur, welche den Triebdrang versperrt, aber sie impliziert auch nicht die Idee eines Umherirrens und eines Verschwindens der Triebkraft. Die Triebsublimierung bedeutet sicherlich nicht Verdrängung, sie ist aber auch keineswegs ein auf die Triebaktivität ausgeübter Zwang, der die Ablenkung ihres Flusses auf eine andere Befriedigung bewirken würde, die nicht-sexuell wäre. Hingegen ist genaugenommen das Element, welches diese Abweichung erzwingt, nicht die unterdrückende Zensur, sondern das Ich-Ideal, welches einen Reiz auf die plastische Kapazität des Triebs ausübt, sie leitet und ihr einen Rahmen verleiht.

Der Lacansche Zugang zum Sublimierungsbegriff: »Die Sublimierung erhebt das Objekt zur Würde des Dings«

Die Lacansche Theorie der Sublimierung beruht voll und ganz auf einer grundsätzlichen Behauptung, welche Lacan in seinem Seminar über *die Ethik der Psychoanalyse* formuliert: »Die Sublimierung erhebt ein Objekt [narzißtisch und imaginär] zur Würde des Dings«. Wir wollen uns hier darauf beschränken, die allgemeine Bedeutung dieser Wendung zu erklären, indem wir von der Wirkung eines Kunstwerkes – als Produkt der Sublimierung – auf den, der es betrachtet, ausgehen. Wir haben bereits eine erste Charakteristik von durch Sublimierung geschaffenen Werken unterstrichen: Es handelt sich dabei grundsätzlich um Objekte, die jeder praktischen Zweckmäßigkeit entbehren und die höheren sozialen Idealen gehorchen, welche subjektiv in ihrem Schöpfer in Form des Ich-Ideals interiorisiert sind. Die Besonderheit der intellektuellen, wissenschaftlichen und künstlerischen Produktionen, die sich der sexuellen Kraft eines sublimierten Triebes verdanken, besteht aber vor allem in ihrer Qualität als imaginäre Objekte. Diese Werke und insbesondere das Kunstwerk als Prototyp einer durch Sublimierung entstandenen Schöpfung sind keine materiellen Dinge, sondern vielmehr Formen und *neu geschaffene* Bilder, die mit einer einzigartigen Wirkungskraft ausgestattet sind. Es sind signifikante Bilder und Formen, die nach Art des unbewußten Bildes unseres Körpers entworfen sind, genauer gesagt unseres unbewußten narzißtischen Ichs. Diese imaginären Werke der Sublimierung sind aber imstande, zwei wichtige Effekte beim Betrachter hervorzurufen: Sie blenden ihn durch ihre Faszination und sie rufen in ihm den gleichen Zustand der Leidenschaft und des suspendierten Begehrens hervor, welcher den Künstler dazu bewogen hat, sein Werk zu schaffen.

Was soll man anderes davon ableiten, als daß eine nach außen in die objektive Existenz eines Kunstwerkes projizierte Gestalt unseres narzistischen Ich es ermöglicht hätte, den Betrachter auf sein eigenes Begehren, ein Werk zu schaffen, zurückzuverweisen. Ein vom Ich gestaltetes Bild hat beim Betrachter eine ähnliche Triebbewegung zur Sublimierung hin hervorgerufen, d. h. zu einer nichtsexuellen Befriedigung, die umfassend und nahe einer unendlichen Leere, nahe einem Genießen ohne Grenzen ist. Das narzißtische Objekt zur Würde des Dings zu erheben bedeutet also, daß der Abdruck des Ich des Kunstschaffenden, der im Kunstwerk objektiviert erscheint, beim anderen die unerträgliche Dimension eines Begehrens des Begehrens eröffnet hat, eines in der Schwebe gehaltenen Begehrens ohne ihm zugewiesenes Objekt. Das imaginäre und narzißtische Objekt, das in der Tat die drei Komponenten der Triebkraft, des Narzißmus des Schöpfers und der vollendeten Form des Kunstwerks in sich verdichtet, löst sich nunmehr auf und zerstreut sich in der Leere der intensiven und mächtigen Emotion, welche es beim faszinierten und bewundernden Betrachter hervorruft.

Zusammenfassung

Fassen wir nun schematisch die grundsätzlichen Merkmale eines sublimierten Triebs zusammen:

- Die Quelle, welcher er entstammt, ist wie für jeden Trieb eine erogene, also *sexuelle* Zone.
- Der Drang des Triebs, bestimmt durch den sexuellen Ursprung seiner Quelle, bleibt für immer, unabhängig von seinem Schicksal, *sexuelle Libido.*
- Das spezifische Ziel des sublimierten Triebes ist eine partielle, aber *nichtsexuelle* Befriedigung.
- Das spezifische Objekt des sublimierten Triebes ist gleichermaßen *nicht-sexuell.*
- So wird also ein sublimierter Trieb *sexuell* genannt, wenn wir an seinen Ursprung und an die Natur seiner libidinösen Energie denken, und er wird als *nichtsexuell* bezeichnet, wenn wir die Art der erlangten (partiellen) Befriedigung und das Objekt in Betracht ziehen, das eine solche gewährleistet.
- Die Sublimierung ist strenggenommen keine Befriedigung, sondern die *plastische Kapazität des Triebes,* einen Objektwechsel durchzuführen und neue Befriedigungen zu finden. Die Fixiertheit des Triebes an ein sexuelles Objekt stellt sich der Mobilität der entsexualisierten Sublimierung gegenüber.
- Die Bewegung der Sublimierung, die aus einer sexuellen Quelle schöpft und zu einer nichtsexuellen Leistung führt, kann sich nur unter zwei Bedingungen erfüllen. Einerseits muß das Ich des kreativen Subjekts mit einem besonderen narzißtischen Vermögen ausgestattet sein, um das sexuelle Objekt, das mit archaischen, aus sexueller Quelle hervorgegangenen Triebkräften besetzt ist, zu entsexualisieren.

Andererseits gehorcht die Schaffung des durch Sublimierung erzeugten Werks den Regeln eines Ideals, welchen das narzißtische Ich des schöpferischen Subjekts folgt. Noch einmal: Eine Aktivität sexuellen Ursprungs, entsexualisiert durch Narzißmus, orientiert am Ich-Ideal und ein menschliches Werk hervorbringend, das nicht-sexuell ist, das ist die spezifische Dynamik der Sublimierungsbewegung.

Um zu schließen, wollen wir nun die Merkmale jener Werke zusammenfassen, die sich der Aktivität eines sublimierten Triebes verdanken:

- Das durch Sublimierung geschaffene Werk hat *keine praktische oder nützliche Zweckbestimmung.*
- Das Werk der Sublimierung gehorcht *höheren sozialen Idealen,* welche subjektiv im *Ich-Ideal* des schöpferischen Künstlers interiorisiert sind.
- Die Werke der Sublimierung sind nicht so sehr materielle Dinge, sondern vielmehr *neu geschaffene* signifikante Bilder und Formen.
- Dabei handelt es sich um Bilder und Formen, die nach Art des unbewußten Bildes unseres Körpers gestaltet sind, oder genauer gesagt, nach Art unseres unbewußten narzißtischen Ich.
- Die imaginären Werke der Sublimierung vermögen zwei wichtige Effekte beim Betrachter hervorzurufen: Sie fesseln ihn durch ihre Faszination und sie rufen in ihm den gleichen Zustand der Leidenschaft und des aufgehobenen Begehrens hervor, welcher den Künstler dazu geführt hat, sein Werk zu schaffen.
- Das Kunstwerk als wahrhaftige Verdichtung der drei Komponenten der Triebkraft, des Narzißmus seines Schöpfers und der vollendeten Form des Werks löst sich schließlich in der Leere der mächtigen und intensiven Emotion auf, die es beim bewundernden Betrachter hervorruft.

V. Der Begriff der Identifizierung

Eine Lacansche Perspektive

In diesem Kapitel soll es nicht darum gehen, diesen oder jenen Aspekt des Identifizierungsbegriffs zu vertiefen, sondern von einem Lacanschen Standpunkt aus seine wesentliche Artikulation darzustellen. Wenn wir uns im üblichen Sprachgebrauch des Wortes »Identifizierung« (oder »Identifikation«) bedienen, befördern wir, ohne es zu merken, eine eher unbestimmte, der Psychosoziologie entliehene Idee. Sie läßt sich auf ein sehr einfaches Schema reduzieren, das aus zwei verschiedenen Personen A und B, verbunden durch eine Identifikationsbeziehung, zusammengesetzt ist. Die bereits individualisierte Person A verwandelt sich demnach durch Identifizierung fortschreitend zu B. So folgern wir, daß A die Züge von B annimmt, daß A sich mit B identifiziert. In der Psychoanalyse jedoch geht es um eine radikal entgegengesetzte Art des Verständnisses der Identifikationsbeziehung, indem jenes dem allgemeinen Verständnis entstammende Schema durch das psychoanalytische Denken tiefgreifend verändert wird. Die von Freud einerseits und von Lacan andererseits vorgenommenen und ganz verschiedenen Bearbeitungen stellen, jede auf ihre Weise, tatsächlich eine Subversion der üblichen Auffassung von Identifizierung dar. Die Freudsche Subversion des traditionellen Schemas und vor allem der noch radikalere Umsturz durch Lacan enthüllen jeweils ein präzises theoretisches Problem, für das

das Konzept der Identifizierung die angemessene Lösung ist. Welchen Problemen stehen Freud und Lacan diesbezüglich gegenüber? Die Antwort läuft darauf hinaus, jene Freudschen und Lacanschen Ansätze freizulegen, die die Existenz eines psychoanalytischen Identifizierungsbegriffs notwendig machen.

Freudscher Ansatz des Identifizierungsbegriffs

Weit davon entfernt, zwei voneinander gesonderte Individuen zu verbinden, wobei der eine zum anderen wird, stellt sich vielmehr die Identifizierung im psychischen Raum an einem und demselben Individuum her. Die Freudsche Modifizierung des gewohnten Identifikationsschemas stützt sich somit auf ein wesentliches Element: den Raum, in dem sich das Schema befindet. Tatsächlich verlassen wir mit Freud den üblichen Raum einer Distanz zwischen zwei Personen, wir begeben uns vielmehr in den Kopf einer der beiden, wir isolieren die Identifizierung als einen spezifischen Prozeß im Bereich des Unbewußten und wir entdecken schließlich im Innersten dieses Bereiches, daß die erwähnte Identifizierung nur zwischen zwei *unbewußten* Instanzen stattfindet. Vom vorgegebenen Schema behalten wir die beiden Begriffe A und B sowie ihre Verwandlung des einen zum anderen, aber wir betrachten es von nun an mit dem Prisma des Unbewußten, wir subvertieren seine Grundlagen, indem wir uns mit ihm an einem ganz anderen Ort, dem psychischen Ort, situieren. Was wir dabei machen? Wir substituieren den intersubjektiven Beziehungen intrapsychische Beziehungen.[46] Drücken wir es klar aus: Die Identifizierung, wie sie von der Freudschen Psychoanalyse aufgefaßt wird, ist ein Verwandlungsprozeß, der sich im Zentrum des psychischen Apparates abspielt, außerhalb unseres üblichen Erfahrungsbereiches und durch unsere Sinne nicht direkt wahrnehmbar.

Wir können sicherlich in einer analytischen Behandlung indirekte klinische Entäußerungen der Identifizierung erkennen, aber keine dieser Manifestationen zeigt jemals den Mechanismus als solchen, der in einer unbewußten psychischen Identifizierung am Werk ist. Die beobachtbare klinische Gegebenheit einer Identifizierung ist immer indirekt; sie präsentiert sich nicht, wie man es sich vorstellen könnte, nach Art von Phänomenen der Ähnlichkeit, der psychologischen Imitation oder der tierischen Mimikry. Im Unterschied zu diesen Phänomenen, die auf ziemlich transparente Weise die sie hervorrufende Ursache zeigen, bleibt die unbewußte Identifizierung nur indirekt wahrnehmbar. Wenn ein Sohn z. B. das Verhalten seines verstorbenen Vaters reproduziert, können wir dies nicht als ein gutes Beispiel einer Identifizierung nach unserem Verständnis anführen; wenn hingegen dieser gleiche Sohn plötzlich von einer Ohnmacht mit hysterischem Charakter heimgesucht wird, so erscheint uns dies als unleugbarer Beweis für das Auftreten einer unbewußten Identifizierung. Angesichts dieses bewußtlosen jungen Mannes wird der Psychoanalytiker die Manifestation einer unbewußten Identifizierung zwischen dem Ich des Mannes und einem toten Vater erkennen, oder genauer gesagt: Zwischen dem Ich und der unbewußten Vorstellung des toten Vaters[47]. Was ich vor allem dem Leser vermitteln möchte: Wenn es um Unbewußtes geht, so befinden wir uns nicht mehr auf dem bekannten Terrain einer Person unter anderen, die sich im üblichen dreidimensionalen Raum bewegt, wir sind nicht mehr auf dem Niveau des Individuums, das als solches anhand eines Ensembles von psychologischen und sozialen Merkmalen bestimmt ist; wir befinden uns vielmehr am unpersönlichen und unbewußten Ort dieses anderen Individuums, einem einzigartigen und heterogenen Ort, den Freud mit dem »psychischen Es« kennzeichnet.[48] Tatsächlich sind wir in diesem psychischen Bereich mit der Frage beschäftigt, wie im Zentrum der Do-

mäne des Unbewußten zwei Pole – das Ich und das Objekt – in eine Beziehung der Identifizierung eintreten. Somit faßt sich der Freudsche Ansatz des psychoanalytischen Begriffs der Identifizierung folgendermaßen zusammen: *die Benennung eines unbewußten Prozesses, der sich durch das Ich ereignet, wenn dieses sich zu einem Objektaspekt verwandelt.* Das Ich und das Objekt – und darauf insistiere ich – sind hier ausschließlich in ihrem strengen Status als unbewußte Instanzen zu betrachten.
Bevor wir jedoch auf das Wesen dieser beiden Einheiten eingehen und bevor wir die Freudsche Theorie der Identifizierung weiter entwickeln, wollen wir kurz das Wesentliche des Lacanschen Ansatzes darstellen.

Lacanscher Ansatz des Identifizierungsbegriffs

Während Freud den Begriff der Identifizierung zur Qualifizierung des Durchdringungsverhältnisses zwischen zwei unbewußten Instanzen – des Ich und des Objekts – heranzieht, stellt sich Lacan einem anderen, delikateren und schwierigeren Problem. Das Lacansche Konzept der Identifizierung ist die Antwort auf einen extremeren Ansatz als jenen Freuds, da es sich hier nicht mehr darum handelt, die Beziehung zwischen zwei relativ gut umrissenen Begriffen in Erwägung zu ziehen – ein determiniertes Ich identifiziert sich mit einem genauso gut definierten Objekt –, sondern um die Bezeichnung einer Beziehung, in welcher einer der Begriffe erst den anderen schafft. Für Lacan ist die Identifizierung die Bezeichnung für die Entstehung einer neuen psychischen Instanz, für die Schaffung eines neuen Subjekts. In Bezug auf Freud ist hier eine noch radikalere Wendung des Denkens festzustellen. Wir sind nun weit vom traditionellen Schema der Identifizierung als Ausdruck einer Verwandlung zwischen zwei vorausgesetzt existierenden Begriffen – A wird zu B – entfernt; nun sehen wir uns einem ganz anderen Schema gegenüber, dem Schema der Verursachung eines der Begriffe durch den anderen. Während Freud das traditionelle Schema verpflanzt, indem er es vom psychologischen und dreidimensionalen Raum zum Raum des Unbewußten hinüberzieht, vollzieht Lacan darüberhinaus eine doppelte Verkehrung: Abgesehen davon, daß die Identifizierung unbewußt ist, daß sie einen Akt der Erzeugung bedeutet, wird nunmehr darüber hinausgehend vor allem die Richtung des Prozesses umgedreht. Nicht A wird zu B – wie es bei Freud der Fall war –, *sondern B erzeugt A.* Die Identifizierung bedeutet, daß das Ding, mit dem sich das Ich identifiziert, gleichzeitig die Ursache des Ich ist; das heißt, daß die aktive Rolle, die zuvor vom Ich übernommen wurde, nunmehr vom Objekt gewährleistet wird. Ohne das Freudsche Lexikon zu verlassen, können wir den Lacanschen Ansatz in einem Satz zusammenfassen: Das Agens der Identifizierung ist das Objekt und nicht mehr das Ich. Dank seines Identifizierungsbegriffs löst Lacan damit ein wichtiges psychoanalytisches Problem: *den psychischen Prozeß der Konstituierung des Ich auf einen Begriff zu bringen,* oder richtiger formuliert, *den Prozeß der Verursachung des Subjekts des Unbewußten auf einen Begriff zu bringen.* Wir werden darauf noch zurückkommen.

DIE FREUDSCHEN KATEGORIEN DER IDENTIFIZIERUNG

Prämisse: Was ist das Objekt?

Um schließlich die Lacanschen Unterscheidungen der Identifizierung herauszuarbeiten, schlage ich vor, die verschiedenen Freudschen Begriffe dieses Konzepts in zwei große Kategorien einzuteilen[49]. Zunächst die *totale* Identifizierung, die sich zwischen der unbewußten psychischen Instanz des sogenannten Ich und jener anderen ebenso unbewußten Instanz herstellt, die wir als totales Objekt bezeichnen können. Dann eine zweite Kategorie der Identifizierung, die wir als *partiell* bezeichnen können, wobei sich das Ich mit einem und wirklich nur einem Aspekt des Objekts identifiziert. Bevor wir aber jede dieser Kategorien näher behandeln, wollen wir den Status der beiden unbewußten Entitäten, die wir Ich und Objekt nennen, überprüfen.

Dabei möchte ich nur das ausführlicher entwickeln, was meines Erachtens am meisten Verständnisschwierigkeiten macht, nämlich die Definition des Objekts. Was das Ich betrifft kann man ohne weitere Prüfung den Freudschen Begriff eines unbewußten Ich übernehmen[50]. Hingegen erscheint es mir für die Weiterführung unserer Überlegungen unbedingt notwendig, daß hinsichtlich der Bedeutung des Wortes *Objekt* die Übereinstimmung klar ist. Viele Mißverständnisse in den psychoanalytischen Beiträgen, auch bei Freud selber, kommen daher, daß man sehr oft das Ich mit der Person, die wir sind, verwechseln, und das Objekt mit der Person des anderen. Aber der unglücklich gewählte Begriff des Objekts, der manchmal zur Beschreibung der Figur eines geliebten und begehrten anderen herangezogen wird, deckt hier im Kontext des Identifizierungsproblems einen sehr präzisen Sinn. Zunächst bezeichnet das Wort Objekt nicht die äußere Person des anderen oder das von ihr, das ich bewußt wahrnehme, sondern die unbewußte psychische Repräsentanz dieses anderen. Tatsächlich müssen wir, um exakter vorzugehen, restriktiver sein und unsere Aussagen nuancieren. Richtigerweise bezeichnet das Objekt etwas anderes als die psychische Repräsentanz *des* anderen, verstanden als die Spur seiner lebhaften Präsenz und eingeschrieben in mein Unbewußtes. Der Begriff des Objekts deckt in Wahrheit eine unbewußte Repräsentanz, die der Existenz des anderen *vorgängig* ist, eine Repräsentanz, die schon da ist und an die sich in der Folge die äußere Realität der Person des anderen heftet oder irgendeines seiner lebendigen

Attribute. Ganz streng genommen gibt es im Unbewußten keine Repräsentanz *des* anderen, sondern nur unbewußte Repräsentanzen, unpersönliche sozusagen, die auf einen externen anderen warten, der sich ihnen einpaßt.

Um den Sachverhalt besser zu erfassen, müssen wir noch zwei Dinge beachten: Zunächst kann sich die Einpassung dieses äußeren anderen in die Schale einer bereits existierenden unbewußten Vorstellung herstellen, ohne daß wir ihm tatsächlich als lebende Person begegnet sind. Der sogenannte äußere andere kann einer sehr weit zurückliegenden Erinnerung an jemanden entsprechen, der vielleicht sogar niemals existiert hat: eine mythische Person, eine Figur aus einem Familienroman etc. Dann müssen wir noch festhalten, daß der erwähnte andere, ob es sich dabei um eine unmittelbare Präsenz oder um eine alte Erinnerung handelt, außerhalb meines Bewußtseins wahrgenommen und ohne mein Wissen ins Unbewußte eingeschrieben werden kann. Zur Erläuterung: Betrachten wir beispielsweise eine Szene, in der eine Mutter ihrem Sohn gegenüber von einem weit zurückliegenden Familienangehörigen spricht. Ohne daß dies der Sohn wahrnimmt, schreibt sich ein einfaches Detail der mit der in Erinnerung gerufenen Person in sein Unbewußtes ein. Das heißt, daß sich ein offensichtlich belangloses Detail – nunmehr isoliert und vollständig losgelöst von der Figur des Vorfahren – in die Schale einer schon vorhandenen unbewußten Vorstellung eingepaßt hat. Fragen wir uns nun: Wo läßt sich in dieser Sequenz das Objekt ausmachen? Das Objekt ist weder die Mutter, die spricht, noch die in Erinnerung gerufene Person der Familie, auch nicht einmal das unbewußt wahrgenommene Detail, sondern die schon vorhandene Vorstellung, nunmehr als Gegenwärtigkeit bestätigt durch die unbewußte Inskription eines Erzählungsdetails. Kurz gesagt bezeichnen wir als Objekt genau diese Vorstellung, die die unbewußte Existenz des anderen gewährleistet.

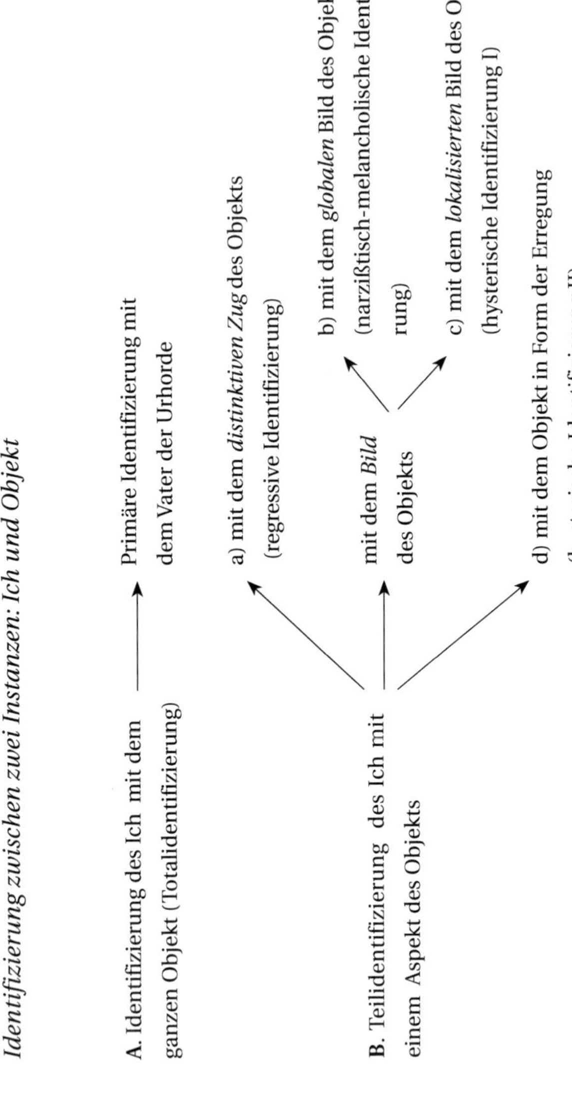

Schema 1:
Die Freudschen Kategorien der Identifizierung

Trotz dieser Präzisierungen sowie zur besseren Darstellung der verschiedenen Freudschen Kategorien der Identifizierung bin ich gezwungen, das Wort »Objekt« zu verwenden, ohne daß ich dabei immer die Ambiguität zwischen zwei Auffassungen vermeiden kann: Die erste, sehr allgemein gehalten und häufig verwendet, betrachtet als Objekt die äußere Person des in Betracht gezogenen anderen oder eines seiner Attribute; die zweite, streng analytische Auffassung sieht das Objekt als eine unbewußte Vorstellung. Um somit die erste und zu konfuse Auffassung hintanzustellen, schlage ich dem Leser eine Lektüreregel vor: Sobald man von nun an auf den Begriff des »Objekts« stößt, sollte man ihn einfach mit dem exakteren Wort »unbewußte Vorstellung« übersetzen. Der Leser sollte sich also bemühen, sich nicht eine Person vorzustellen, sondern an eine unbewußte psychische Instanz zu denken.
Nach Darlegung dieser Voraussetzungen wollen wir nun die zwei großen Freudschen Kategorien der Identifizierung betrachten, wie wir sie in Schema 1 aufgestellt haben.

Die Freudschen Kategorien: Die totale Identifizierung und die Teilidentifizierungen

A. Die totale Identifizierung

Die erste *totale* Identifizierung des Ich mit dem totalen Objekt, wie sie im Werk Freuds unter dem Begriff der primären Identifizierung aufscheint, bleibt im wesentlichen mythisch; richtig gesagt, existiert sie nicht und kann auch auf kein direktes klinisches Faktum verweisen. Sie bildet eher eine Art mythischer Voraussetzung, eine grundlegende Allegorie der Möglichkeit, wie sich von einer Generation zur anderen, jenseits der menschlichen Grenzen, die Kraft des Lebens, die unsterbliche Libido überträgt. Das totale Objekt dieser primären Identifizierung ist der mythische Vater der Urhorde, den die Söhne verschlingen, bis ein jeder selbst ein Vater wird. Sie inkorporieren mit dem Mund und mit der oralen Eßlust den zerstückelten Körper des Vaters oder, genauer gesagt, ein Stück des Körpers, der die ganze väterliche Kraft enthält. Somit nimmt das Ich die väterliche Stelle vollständig ein, weil es libidinös (orale Lust) einen körperlichen Anteil der vollen Libidokraft des Vaters assimiliert.

B. Die Teilidentifizierungen

Die zweite Kategorie der Identifizierung betrifft die Identifizierung des Ich mit einem *Teilaspekt* des Objekts. Was aber verstehen wir unter »Teilaspekt des Objekts«? Da wir übereingekommen sind, das Wort Objekt durch unbewußte Vorstellung zu übersetzen, weist der Teilaspekt des Objekts auf den Aspekt oder auf die Form hin, welche eine Vorstellung annehmen kann. Je nach dem Aspekt, den das Objekt annehmen kann – ein *distinktiver Zug*, ein *vollständiges Bild*, ein *partielles Bild* oder darüberhinaus eine *Erregung* – stehen wir vier Modalitäten von Teilidentifizierungen gegenüber. Es gibt also vier mögliche Verschmelzungen des Ich mit einer Form des Objekts, oder, was auf das gleiche hinausläuft, mit einer bestimmten Form der unbewußten Vorstellung. Selbstverständlich ist diese Klassifikation der verschiedenen Teilidentifizierungen, wie sie in der Freudschen Theorie zu finden sind, willkürlich. Unser Ziel ist es nicht, die Freudsche Theorie der Identifizierung vollständig wieder aufzunehmen, sondern schematisch die grundsätzlichen Stränge darzustellen, um sie den drei Lacanschen Unterscheidungen der Identifizierung anzunähern: *symbolisch, imaginär und phantasmatisch.* Insofern können wir ein Korrespondenzschema aufstellen (siehe Schema 2).

FREUD	LACAN
Identifizierung mit dem Zug des Objekts	Symbolische Identifizierung des Subjekts mit einem Signifikanten
Identifizierung mit dem Bild des Objekts	Imaginäre Identifizierung des Ich mit dem Bild des anderen
Identifizierung mit dem Objekt in Form der Erregung	Phantasmatische Identifizierung des Subjekts mit dem Objekt in Form der Erregung

Schema 2:
Tafel der Entsprechungen zwischen den Freudschen und den Lacanschen Kategorien der Identifizierung

a) Teilidentifizierung mit dem Zug des Objekts.

Die elaborierteste aller Teilidentifizierungen und der Ausgangspunkt der Lacanschen Weiterführungen ist zunächst die Identifizierung des Ich mit einem *deutlich herausgehobenen Zug* eines nicht mehr vorhandenen Menschen, mit dem wir zutiefst verbunden waren. Der Teilaspekt des Objekts ist hier ein herausragendes Merkmal und das Objekt selbst ist ein geliebter, begehrter und verlorener anderer[51]. Die Identifizierungsweise, von der wir sprechen, läßt sich auf eine sehr lebendige Art illustrieren: Es ist die Identifizierung des Ich mit dem Zug eines geliebten, begehrten und verlorenen Objekts, dann mit dem gleichen Zug eines zweiten, eines dritten Objekts und schließlich mit dem gleichen Zug der ganzen Serie der geliebten, begehrten und verlorenen Objekte während eines Lebens. So verwandelt sich das Ich in diesem unablässig wiederholten Zug der im Laufe einer Existenz aufeinanderfolgenden geliebten, begehrten und verlorenen Objekte. Es ist, als ob man sich mit diesem oder jenem Detail identifizieren würde, das man in jedem seiner Partner aus den verschiedenen das Leben begleitenden Liebesbeziehungen gefunden hat. Wenn wir beispielsweise annehmen, daß dieser Zug das Timbre einer Stimme ist und daß alle Menschen, die jemand geliebt, begehrt und verlassen hat, durch einen identischen stimmlichen Klang gekennzeichnet sind, so können wir daraus schließen, daß das entsprechende Ich nichts anderes ist als ein reiner Klang, als die einzigartige Beugung einer vielfältigen und gleichzeitig einzigartigen Stimme. Könnte dieses Ich sprechen, so würde es sagen: »Ich bin diese klangliche Vibration, dieses Timbre ohnegleichen einer immer wiedergefundenen Stimme«, oder vielleicht auch: »Ich bin dieses Lächeln ohne Unterlaß, das sich in die Gesichter meiner Liebhaber eingezeichnet hat«, oder noch anders: »Ich bin dieser unvergleichbare Blick, der mich jedesmal erfaßt«. Dies also kennzeichnet Freud mit »regressiver Identifizierung«: Das Ich verbindet sich zunächst mit dem Objekt, löst sich dann davon ab, zieht sich zurück, regrediert und löst sich auf in den symbolischen Spuren dessen, was nicht mehr ist. Man möge besonders diese Identifizierungsweise Freuds im Sinn behalten – die Identifizierung mit dem distinktiven Zug –, weil gerade darauf Lacan die Basis seiner eigenen Theorie der symbolischen Identifizierung setzt.

b) Teilidentifizierung mit dem globalen Bild des Objekts – Der Fall der Melancholie.

Eine andere Modalität der Identifizierung des Ich mit einem Teilaspekt des Objekts betrifft hier nicht einen Wesenszug, sondern *das Bild des Objekts.* Das heißt, daß die unbewußte Vorstellung des geliebten, begehrten und verlorenen Objekts ein Bild ist. Dabei unterscheide ich aber zwei Arten von Bildern: Entweder identifiziere ich mich – wir wollen dies in der ersten Person Singular ausdrücken, als ob das unbewußte Ich sich sprechend ausdrücken würde –, also: entweder identifiziere ich mich mit dem vollständigen Bildaspekt des geliebten, begehrten und verlorenen Objekts; oder aber ich identifiziere mich mit dem partiellen Bildaspekt des gleichen Objekts. Das beste Beispiel für den ersten Fall – *Identifizierung mit dem vollständigen Bild* – ist die pathologische Identifizierung, die in der Melancholie stattfindet. Man denke an ein Kind, dessen intensive Bindung an eine Katze diese zu einem bevorzugten Kameraden in der intimen und täglichen Realität hat werden lassen. Eines Tages muß der Junge den tragischen Tod des Tieres zur Kenntnis nehmen; und eine Woche später legt er zum Erstaunen aller ein merkwürdiges Verhalten an den Tag. Sein Körper nimmt eine katzenähnliche Gestalt an, er schleckt, miaut und bewegt sich wie eine Katze. Hier handelt es sich um eine klinisch sehr bedeutsame Identifizierungsform, die man häufig in verschiedenen melancholischen Syndromen finden kann: Das Ich reproduziert vorbildgetreu die Konturen und die Bewegungen dessen, von dem es verlassen worden ist und macht sich so zu dessen vollständigem Ebenbild. Diese bemerkenswerte Fähigkeit, in die Haut des anderen zu schlüpfen, läßt sich leicht erklären: Die Begründung liegt im Narzißmus. Das Bild des geliebten, begehrten und verlorenen Objekts, das das traurige Ich sich aneignet, ist in Wahrheit sein eigenes Bild, das er so ausgestattet hat, als wäre es das Bild des anderen. Das Ich findet keine andere als die einstmals geliebte »Haut«, weil es durch die Liebe sich selbst reflektierte und sich selbst liebte. Wenn das melancholische Kind heute sich wie eine Katze aufführt, so deshalb, weil das Bild seiner lebenden Katze schon sein eigenes Bild war. Freud konnte den Narzißmus der melancholischen Identifizierung in einem berühmten und sehr schönen Satz zusammenfassen: »Der Schatten des Objekts fällt auf das Ich«. Der Schatten des geliebten, begehrten und verlorenen Objekts, sein Bild, gleichermaßen Bild des Ich, fällt auf das Ich, deckt es zu und löst es auf.[52]

c) Teilidentifizierung mit dem lokalen Bild des Objekts – Der Fall der Hysterie I.

Wir wollen nun zur dritten Art der Teilidentifizierung kommen; das Ich identifiziert sich hier nicht mehr mit einem ganzen Bild, sondern mit einem *lokalisierten*. Diese Identifizierungsart finden wir in modifizierter Form in der Lacanschen Theorie unter dem Begriff der *imaginären Identifizierung*. Das Ich bewerkstelligt eine Identifizierung mit dem Bild des anderen aber nur in Hinblick auf dessen Sexuierung, genauer gesagt mit dem Bild des sexuellen Anteils des anderen oder noch besser – nach einem Ausdruck von Karl Abraham – mit dem begrenzten Bild der Genitalregion des anderen. Dieser Ausdruck der »Genitalregion« wird von Abraham verwendet, um den imaginären Ort des Geschlechts des anderen anzuzeigen, welcher von den hysterischen Patienten gegenüber dem Rest des Bildes einer Person besonders stark besetzt wird. Es ist, als ob das hysterische Subjekt sein ganzes Ich auf den genitalen Brennpunkt des Bildes des anderen fallen lassen würde, wobei der Rest des Bildes verschwindet. Allerdings erkannte Abraham auch die Möglichkeit einer Umkehr: Der Hysteriker identifiziert sich mit dem Bild der Person als ganzer, aber mit ausgespartem Geschlecht; es sieht dann so aus, als wäre auf dem Niveau der Genitalien das Bild durch einen weißen Fleck opak geworden. Ob wir nun aber einer exklusiven und bezüglich der Genitalregion polarisierten Besetzung gegenüberstehen oder ob wir eine globale Besetzung des Bildes mit Ausnahme der Genitalregion vor uns haben, geht es immer um eine partielle Identifizierung, weil sie immer auf ein verstümmeltes Bild begrenzt bleibt. Denn selbst in der letzteren Variante der Identifizierung mit dem ganzen Bild der Person mit Ausnahme seiner Genitalgegend handelt es sich um ein partielles Bild.

Um diese Identifizierungsweise besser illustrieren zu können, wollen wir beim klinischen Beispiel der Hysterie bleiben; es wird uns sehr nützlich sein, um die beiden Formen der Teilidentifizierung bezüglich des lokalisierten Bildes des Objekts herauszuarbeiten: einerseits die Identifizierung mit dem einzig und allein auf die Genitalregion reduzierten Bild, wobei das Objekt gleichzeitig als sexuell *begehrenswert* wahrgenommen wird; andererseits die Identifizierung mit dem Bild, dem die Genitalgegend fehlt, wobei das Objekt folglich als sexuell *begehrend* wahrgenommen wird, denn als unvollständiges und »gelöchertes« Objekt wird es versuchen, seinen Mangel zu beheben. Erinnern wir uns an die Intensität, mit welcher Dora (in Freuds *Der Fall Dora*) die beiden komplementären Rollen auf der Bühne ihres eigenen hysterischen Phantasmas annehmen kann, welche von Frau K. (der Begehrenswerten) und von ihrem Vater (dem Begehrenden) gespielt werden. Zunächst die Rolle, in der Frau K. sich in den Augen des Vaters als ein sexuell *begehrenswertes* Objekt erweist; Frau K. wird damit auf die exklusive Dimension der sexuellen Sache reduziert, der sexuell begehrenswerten Sache für einen männlichen Liebhaber.[53] Aber umgekehrt kann Dora auch die entgegengesetzte Rolle des von einem Mangel gekennzeichneten *Begehrenden* übernehmen; in dieser Hinsicht identifiziert sie sich mit ihrem Vater und seinem Wunsch nach einer Frau. Hier muß aber bemerkt werden, daß der Schwung dieser identifikatorischen Bewegung hinsichtlich eines Begehrenden von der grundsätzlichen Tendenz des hysterischen Ich geprägt ist, sich nicht nur mit einem Begehrenden, welcher sucht, zu identifizieren, sondern mit einem Begehrenden, der die Suche genießt, einem reinen Begehrenden, der es genießt, im Zustand des Begehrens zu sein. Daher ist die unverzüglichere Identifizierung Doras mit dem begehrenden Vater Teil einer zu einem unerreichbaren Horizont gezogenen Linie, wo sich letztlich die rätselhafte Essenz der Weiblichkeit verbirgt. Dora versucht also jenseits aller Grenzen Frau K. zu erreichen, dabei aber nicht als Phantasie einer begehrenswerten Sache, sondern getragen vom höchsten Begehren, dem mysteriösen weiblichen Begehren, dem reinen Begehren ohne angebbares Objekt.

d) Teilidentifizierung mit dem Objekt in Form der Erregung – Der Fall der Hysterie II.

Um unseren Überblick über die Freudschen Kategorien abzuschließen, wollen wir nun die letzte Modalität der Teilidentifizierung behandeln, indem wir uns einer anderen Variante des hysterischen Verhältnisses zu den Objekten des Begehrens zuwenden. Diese Variante, die nicht leicht zu begreifen ist, ist nichtsdestotrotz von entscheidender klinischer Reichweite. Das hysterische Ich identifiziert sich hier nicht nur mit dem lokalisierten Bild des Objekts – sei es die sexuell begehrenswerte Frau K., sei es der Vater, der die Dame begehrt –, sondern auch mit der *Emotion* des (von Dora phantasierten) Orgasmus anläßlich der sexuellen Begegnung eines Mannes und einer Frau. Schon 1895 zögerte Freud nicht, den hysterischen Anfall als Äquivalent eines Orgasmus zu betrachten. Wenn Sie eine Hysterikerin in Ohnmacht fallen sehen, sollten Sie nicht daran zweifeln – so die entscheidende Aussage Freuds –, daß das Subjekt mehr als einen Genuß erlebt, es identifiziert sich vielmehr mit der sexuellen Erregung, welche die Partner des phantasierten Paares erleben; phantasiert, wohlgemerkt, im Bereich des Unbewußten. Hier genügt es nicht mehr, darauf hinzuweisen, daß das hysterische Ich sich mit dem Bild des sexuell begehrenswerten anderen identifiziert und auch nicht mit jenem des sexuell begehrenden anderen, sondern man muß weiterdenken und – auch wenn dies überraschend erscheint – die vollständige Assimilierung des Ich an den Akt des Genießens des Paares selbst annehmen.

Präzisieren wir hier, daß es von einem metapsychologischen Standpunkt aus nicht möglich ist, diese Identifizierung mit dem Genießen als eine Identifizierung des Ich mit einer unbewußten Repräsentationsform zu betrachten, wie dies der Fall in den vorhergehenden Kategorien der partiellen Identifizierungen der Fall war. Streng genommen ist das Genießen in der Tat nicht im Unbewußten repräsentiert, seine Repräsentation fehlt, woraus folgt, daß die Identifizierung des Ich mit dem Genießen als eine Identifizierung des Ich mit einer Abwesenheit von Repräsentation begriffen werden muß und nicht mit einem Aspekt der Vorstellung. In diesem Fall der hysterischen Identifizierung mit dem Genießen können wir das Wort »Objekt« nicht mehr mit »unbewußte Vorstellung« übersetzen, sondern mit »Mangel an Vorstellung«. Die Behauptung also, daß das Ich sich mit dem Objekt als Erregung identifiziert, bedeutet hier, daß das Ich an den Platz eines Lochs im Gewebe der unbewußten psychischen Vorstellungen gelangt. Diese Bemerkung wird uns sehr nützlich sein, wenn wir die Lacansche Identifizierung verstehen wollen, wie sie innerhalb eines Phantasmas geschieht.

Wie man sieht finden wir in der Einheit einer einzigen klinischen Entität, der Hysterie, die Verschiedenheit dreier Varianten der Identifizierung des Ich mit einem Teilaspekt des Objekts. Keine andere klinische Struktur schließt eine so klare Pluralität partieller Identifizierungen ein, sie sind aufeinander nicht reduzierbar aber gleichwohl zueinander komplementär. Die Hysterie besteht letztlich in der nacheinander erfolgenden Einnahme aller Plätze des feierlichen sexuellen Akts, aller Positionen hinsichtlich des Begehrens. Jeder Traum, jedes Symptom oder jedes hysterische Phantasma verdichtet und aktualisiert eine dreifache Identifizierung: Identifizierung mit dem begehrten Objekt, mit dem begehrenden Objekt, Identifizierung schließlich mit dem Objekt des Genießens der beiden Liebenden. Auf die allgemeinere Frage bezüglich der Natur des Objekts der hysterischen Identifizierung lautet also die Antwort: Das Objekt ist nicht die geliebte Frau, auch nicht der liebende Mann, auch nicht ihre gemeinsame sexuelle Erregung, sondern das alles zusammen und gleichzeitig. Mit einem Wort ist das zentrale Objekt des Begehrens in der Hysterie nicht ein deutlich umrissenes Objekt, sondern die *Verbindung*, das Intervall, das die beiden Partner des phantasierten Paares vereinigt.

DIE LACANSCHEN THEORIEN DER IDENTIFIZIERUNG

Nach dieser notwendigen Skizzierung der Freudschen Theorie der Identifizierung wollen wir nun zum Lacanschen Ansatz in dessen Eigenständigkeit übergehen.

Wir haben schon gesagt, daß der Lacansche Begriff der Identifizierung einem radikaleren theoretischen Ansatz entspricht, als dies bei Freud der Fall ist. Für Lacan bezeichnet die Identifizierung das Entstehen eines neuen Ortes, das Auftauchen einer neuen psychischen Instanz. Entsprechend der Natur dieses Ortes können wir zwei Kategorien von Identifizierung unterscheiden: die erste steht am Ursprung des *Subjekts des Unbewußten* und wir nennen sie *symbolische* Identifizierung; die zweite finden wir am Beginn des *Ich* und wir nennen sie *imaginäre* Identifizierung. Wir können noch eine dritte, speziellere Kategorie hinzufügen, die genaugenommen nicht die Produktion einer neuen Instanz, sondern die Institution eines psychischen Komplexes im Sinne des Phantasmas gewährleistet; diese letztere identifikatorische Modalität wollen wir im folgenden als *phantasmatische* qualifizieren.

Ich möchte diese drei Arten der Lacanschen Identifizierung darstellen, indem ich nach und nach die verschiedenen Elemente definiere, die dabei zum Einsatz kommen. Die Komponenten der symbolischen Identifizierung sind der *Signifikant* und das *Subjekt des Unbewußten* – jene der imaginären Identifizierung sind das Bild und das Ich; schließlich geht es bei der phantasmatischen Identifizierung um das Subjekt des Unbewußten und um das Objekt *a*. Im Laufe der Definition dieser Elemente werden sich sukzessive die drei Kategorien der Identifizierung herausstellen.

Symbolische Identifizierung des Subjekts mit einem Signifikanten: Ursprung des Subjekts des Unbewußten

Beginnen wir mit dem Signifikanten. Was ist ein Signifikant? Der Begriff des Signifikanten bezeichnet nichts von einer direkt greifbaren und beobachtbaren Realität; er antwortet vielmehr auf eine Notwendigkeit der Psychoanalyse, gewisse – und durchaus beobachtbare – Fakten, die sich mit Insistenz im Laufe des Lebens ereignen und wiederholen, zu formalisieren und von ihnen zu abstrahieren. Ein Signifikant ist eine streng formale Entität, die sich indirekt auf einen sich wiederholenden Sachverhalt bezieht und welche durch logische Beziehungen zu anderen gleichermaßen signifikanten Entitäten definiert wird. Kurz gesagt ist die Kategorie »Signifikant« durch drei Referenzen bestimmt.

Ein Signifikant ist eine formale Entität. Zuallererst ist der Signifikant die indirekte Referenz in Bezug auf ein wiederholt zu beobachtendes Faktum, das in einem Versehen oder in einem ungewollten Akt im bewußten Verhalten eines Individuums besteht. Der Signifikant repräsentiert in der formalen und abstrakten Ordnung die konkrete Tatsache eines Irrtums, welcher ein sprechendes Wesen überrascht und erstaunt. Wenn ich mich zum Beispiel verspreche, dann könnte ich diesen Lapsus als einen Signifikanten qualifizieren, weil er mir entfährt, mich erstaunt und anderen und manchmal auch mir selbst einen bisher verborgen gebliebenen Sinn enthüllt, obwohl er eine von mir selbst erzeugte

Manifestation darstellt. Die erste Referenz in der Definition eines Signifikanten bezieht sich also auf das Auftauchen eines enthüllenden Irrtums meines Begehrens; eines Irrtums, der derart im richtigen Augenblick und so zweckmäßig erscheint, daß er für mich und gleichzeitig außerhalb von mir als meine eigene Wahrheit erscheint. Es sei noch bemerkt, daß der Signifikant sich in indifferenter Weise unter einer großen Mannigfaltigkeit von Formen zeigen kann oder, besser gesagt, daß er eine große Mannigfaltigkeit von Tatsachen formalisieren kann. Der Signifikant kann ein Sprechen, eine Geste, das Detail einer Erzählung, die Inspiration für ein Gedicht, die Kreation eines Bildes, ein Traum, auch ein Leiden oder sogar ein Schweigen sein. Alle diese menschlichen Manifestationen können legitimerweise als Signifikanten bezeichnet werden, allerdings unter der strengen Bedingung, daß jeder den ungewollten Ausdruck eines sprechenden Wesens darstellt.

Ein Signifikant ist niemals allein. Die zweite Referenz eines Signifikanten, die uns auf spezifischere Weise auf die symbolische Identifizierung hinführen kann, ist nicht mehr faktisch, sondern ausschließlich formal. Sie betrifft die logische Verbindung zwischen einem Signifikanten, der einem nicht gewollten und im Moment seines Auftauchens isoliert genommenen Akt einerseits entspricht, und allen Signifikanten andererseits, welche andere vergleichbare vergangene oder erst kommende Handlungen markieren. Der formale Wert eines Signifikanten liegt in seiner Zugehörigkeit zu einer Serie von anderen Signifikanten, wobei jeder die abstrakte Formalisierung eines vergangenen oder zukünftigen Irrtums ist. *Der Signifikant ist daher niemals allein, er ist immer einer unter anderen.* Ein Lacanscher Aphorismus erfaßt treffend dieses formale Verhältnis zwischen einem Signifikanten und der Serie, welcher er zugehört: Ein Signifikant ist Signifikant nur für andere Signifikanten. Das bedeutet, daß ein Signifikant einen Wert – und zwar einen formalen Wert – nur dann besitzt, wenn er Teil eines Ensembles von mit ihm identischen Einheiten ist. Infolgedessen dürfen wir, wenn wir dieses oder jenes Versehen als Signifikant qualifizieren, es nicht als etwas einziges und alleiniges betrachten, sondern müssen es als ein Ereignis auffassen, das notwendigerweise mit anderen Ereignissen der gleichen Ordnung verbunden ist.

Das Subjekt des Unbewußten ist der Name für eine abstrakte Beziehung zwischen einem Signifikanten und einem Ensemble von Signifikanten. Die dritte Referenz, die, noch formaler als die vorhergehende, den Signifikanten definiert, führt uns direkt ins Zentrum des Mechanismus der symbolischen Identifizierung oder, genauer gesagt, zum Ursprung eines Subjekts des Unbewußten. Wenn ein signifikantes Ereignis stattfindet – immer mit anderen Signifikanten verbunden –, produziert sich nach Lacan ein einzigartiger Effekt, welchen man mit dem Begriff eines Subjekts des Unbewußten bezeichnen muß. Trotz dieses Wortes »Subjekt«, welches zur Verwirrung Anlaß geben kann, bezeichnet der Lacansche Ausdruck des »Subjekts des Unbewußten« nicht die Person, die sich im Sprechen täuscht und nicht einmal ihr bewußtes oder unbewußtes Ich, sondern er bezeichnet eine außerordentlich abstrakte und letztendlich nicht subjektive Instanz. Das Subjekt des Unbewußten ist eine Funktion, welche etwa den mathematischen Funktionen ähnlich ist, weil sie sich strenggenommen innerhalb des Rahmens einer Verbindung definiert, die sich zwischen einem aktuellen signifikanten Ereignis und allen anderen vergangenen oder zukünftigen signifikanten Ereignissen in einer virtuell geordneten artikulierten Serie etabliert. Anders gesagt ist das Subjekt des Unbewußten das Wort, mit dem wir die konkrete Erfahrung eines Irrtums bezeichnen, wenn wir diese Erfahrung im formalen Register denken und wenn wir sie wie einen aktuellen Signifikanten in seiner Beziehung mit anderen virtuellen Signifikanten behandeln. Das Sein des Subjekts würde sich also auf eine reine Beziehung zwischen einem Element und einem definierten Ensemble reduzieren. Aber warum sollte man ein formales und so kühl logisches Verhältnis mit dem Namen Subjekt belegen – eine Vokabel, die mit einem so beschwörenden Sinn konnotiert ist? Genau die Antwort auf diese Frage wird uns abermals auf den Mechanismus der symbolischen Identifizierung hinführen.

Das Subjekt des Unbewußten ist ein abwesendes Merkmal meiner Geschichte, von welchem sie allerdings für immer gezeichnet ist. Beginnen wir näher zu untersuchen, woraus diese Beziehung zwischen einem aktuellen Signifikanten und den anderen virtuellen Signifikanten besteht. Wenn man sich genau in jenem schmerzhaften Moment des unerwarteten Auftauchens eines Symptoms befinden würde, würde man an alle anderen Male denken, in welchen man den gleichen Leidenszustand erlebt hat, man würde also jenseits der sehr unterschiedlichen Umstände ein unveränderbares Detail entdecken, das alle diese Momente des Schmerzes kennzeichnet. Dieses gemeinsame Element, dieses distinktive Zeichen, das sich in jedem der signifikanten Ereignisse jenseits ihrer Differenzen wiederholt, bezeichnet Lacan mit dem Begriff des *einzigen Zugs.* Zug deshalb, weil er jeden wiederholten Augenblick markiert; einzig deshalb, weil dieser Zug oder Strich jenes eine ist, das die verschiedenen aufeinanderfolgenden Signifikanten vereinigt und versammelt. Wir wollen nicht vergessen, in diesem Begriff des Zuges das gleiche Wort wiederzuerkennen, welches Freud in der Charakterisierung der regressiven Identifizierung oder der Identifizierung des Ich mit dem *distinktiven Zug* des Objekts verwendet hat. Während aber Freud das Ich in jenem Zug sucht, der sich wiederholt und der die geliebten, begehrten und verlorenen Wesen vereint, wechselt Lacan auf ein abstrakteres Register hinüber, indem er die geliebten und verlorenen Personen wie serielle Signifikanten aufzählt, ihren gemeinsamen Zug isoliert und schließlich das Subjekt des Unbewußten findet. Damit ist das Subjekt des Unbewußten nicht mehr nur die Bezeichnung einer Beziehung zwischen einem aktuellen Ereignis und anderen virtuellen Ereignissen, sondern die Bezeichnung für ein unveränderbares Merkmal, das ein ganzes Leben lang anwesend ist. Das Subjekt des Unbewußten ist mehr als eine Beziehung, es ist der Zug selbst, der das Ensemble der Signifikanten vereinigt. Die symbolische Identifizierung besteht genaugenommen im Ursprung des Subjekts des Unbewußten, der als Produktion eines einzelnen Zuges zu verstehen ist, welcher sich herausbildet, wenn wir alle Signifikanten einer Lebensgeschichte zusammenstellen. Sicherlich hätten wir folgende Parallele zu Freud aufstellen können: Während Freud das Ich in dem den geliebten und verlorenen Objekten gemeinsamen Zug sucht, sucht Lacan das Subjekt in dem den Signifikanten gemeinsamen Zug. Das wäre aber nur halb legitim gewesen, weil es eine radikale Differenz zwischen den beiden Autoren gibt. Lacan befindet sich nicht nur im strengen Bereich der Logik, sondern er treibt den Formalismus so weit, daß er den das Ensemble vereinigenden Zug extrahieren kann. Indem er ein abgelöstes und bezüglich der durch ihn vereinigten Gesamtheit ein äußeres Element ist, wird der Zug niemals zwischen den vereinigten und aufgezählten Einheiten zu erkennen sein. Wenn wir auf das Beispiel der Person zurückgreifen, welche sich ihre Geschichte vergegenwärtigt und die Serie der schmerzhaften Ereignisse zählt, die ihre Geschichte gekennzeichnet haben, wird sie es natürlich unterlassen, den distinktiven Zug, der jedes dieser Ereignisse markiert hat, miteinzuschließen. Serge kann sich sehr gut an seine Trennung von Anne erinnern, an seinen Bruch mit Laure und an seine Scheidung mit Sandrine, während er nicht so bald erkennen kann, daß diese drei Frauen sich im Timbre ihrer Stimmen ähnlich waren. Vor allem wird er aber wahrscheinlich nie erkennen, wie sehr in dieser bei seinen Partnerinnen wahrgenommenen Einzigartigkeit seine eigene Einzigartigkeit vorherrschte, seine intimste und von ihm selbst am wenigsten gekannte Identität. Wenn Serge die Momente seines Lebens aufzählt, wird er sich nicht selbst hinzuzählen können, denn in dieser Rechnung wird er sich vergessen. Aber gerade dieses im Kalkül vergessene »sich selbst« ist das Subjekt des Unbewußten. Serge vergißt sich, weil er nicht erkennen kann, daß er selbst der sonore Zug der Stimme der geliebten Frauen ist, der unaufhebbare einzige Zug, der im Kalkül fehlt. Denn dieser Zug ist nicht zählbar, er wird von Lacan der *Eine weniger (Un-en-moins)* genannt. Weniger wovon? Weniger vom gezählten Ensemble. Hier also sehen wir, worin die symbolische Identifizierung besteht: Das Subjekt des Unbewußten ist mit einem Zug identifiziert, der immer gleichbleibt, der immer und unveränderlich ein signifikantes Leben markiert und trotzdem von diesem Leben abgetrennt ist. Genau gesagt: *Die symbolische Identifizierung bezeichnet die Produktion des Subjekts des Unbewußten als ein Minussubjekt innerhalb eines Lebens.* Formulieren wir es anders, indem wir auf folgende Frage antworten: Was müssen wir unter dem Subjekt des Unbewußten verstehen? Das Subjekt des Unbewußten *ist* ein Subjekt weniger im Leben von jemand, es ist der abwesende Zug außerhalb dieses Lebens, der es trotzdem für immer kennzeichnet. Auch die Einzigartigkeit eines signifikanten Lebens ist durch ein Merkmal gegeben, das uns äußerlich bleibt. Auf diese Art also müssen wir im Unbewußten existieren: Wir existieren als ein Merkmal, das uns einzigartig macht und von dem wir trotzdem enteignet sind. Es ist gerade diese Enteignung, diese Subtraktion unseres Lebens durch einen einzigen und intimen Zug namens Subjekt, welche Lacan dazu geführt hat, den Begriff der *Privation* einzuführen: Im Unbewußten ist das Leben des symbolischen

Zugs beraubt, der es von außen als einzigartig auszeichnet, d.h. dem Subjekt des Unbewußten entzogen.

Um gewissen terminologischen Mißverständnissen vorzubeugen, möchte ich gerne die anderen Wendungen wiederholen, mit welchen die Lacanschen Psychoanalytiker den einzigen Zug bezeichnen. Jeder dieser Ausdrücke *Ich-Ideal* und *Phallus* stellt den einzigen Zug in einen je verschiedenen Kontext und versteht in der Folge auch auf je andere Weise die symbolische Identifizierung. Wenn diese Instanz *einziger Zug* genannt wird, so schreiben wir sie in den Kontext der Wiederholung der Signifikanten ein; wenn sie *Ich-Ideal* genannt wird, betrachten wir sie als den konstanten Referenten, der die aufeinanderfolgenden Identifizierungen des Ich mit den Imagines regelt; und schließlich, wenn sie sich *Phallus* nennt, verstehen wir sie als den Referenten, der die verschiedenen Modalitäten der sexuellen Befriedigung ordnet. Kurz gesagt, handelt es sich immer um die gleiche Instanz, die der Gesamtheit äußerlich ist und von der sie bestimmt wird, und wir geben ihr die Bezeichnung eines *einzigen Zugs*, wenn die Gesamtheit eine Gesamtheit von Signifikanten ist, *Ich-Ideal* wenn die Gesamtheit die Imagines betrifft, und schließlich *Phallus*, wenn die Gesamtheit sich auf die verschiedenen Positionen der Sexualität bezieht.

Imaginäre Identifizierung des Ich mit dem Bild des anderen: Entstehung des Ich

Befassen wir uns nun mit jener Identifizierungsweise, die wir als imaginär bezeichnen und die die Struktur des Ich bestimmt. Wir finden hier wieder einmal mehr den theoretischen Einsatz, der Lacan dazu bringt, mit dem Begriff der Identifizierung den Bildungsprozeß einer neuen psychischen Instanz zu bezeichnen, wobei es hier um das Ich geht. Im Eröffnungsmoment dieses Bildungsprozesses, der von Lacan Spiegelstadium genannt wird, ist das Ich vor allem ein Entwurf, der Abdruck einer außergewöhnlichen Wahrnehmungserfahrung im Kind. Das Kind wird dabei, wie es später nie mehr der Fall sein wird, vom blitzartigen Aufleuchten erfaßt, das in ihm die *globale* Erscheinung seines im Spiegel reflektierten Bildes hervorruft. Das Ich ist in diesem Moment, und nur in diesem Moment, nichts anderes als der Abdruck einer *Kontur* des einzigartigen Bildes des Kindes, der Aufriß – einfach eine Linie – der menschlichen Form des kleinen Menschen. Dieser ursprünglich leere Aufbau, den wir Ich-Aufriß nennen, wird sich mehr und mehr mit der Erscheinung anderer imaginärer Erfahrungen, die nicht mehr global, sondern partiell sind, konsolidieren. Dieser erste Ich-Aufriß bleibt der symbolische Rahmen, welcher alle aufeinanderfolgenden Wahrnehmungsbilder beinhaltet, die für das imaginäre Ich konstitutiv sind.

In der Lacanschen Theorie darf das imaginäre Ich weder mit dem Selbstbewußtsein noch mit einer der drei von Freud entwickelten topischen Instanzen verwechselt werden (Ich, Über-Ich, Es), sondern es definiert sich als eine unaufhörliche Schichtung von Bildern, die kontinuierlich in unser Unbewußtes eingeschrieben werden. Um zu verstehen, was das Ich ist und wie es sich im Laufe der sukzessiven imaginären Identifizierungen bildet, muß man zunächst annehmen, daß für die Psychoanalyse die äußere Welt nicht aus Dingen und Lebewesen zusammengesetzt ist, sondern grundsätzlich aus Bildern. Wenn wir glauben, ein Objekt wahrzunehmen, so nimmt unser Ich nur das Bild des Objekts wahr. So breitet sich zwischen dem Ich, das sich mit Bildern nährt, und der Welt – Quelle der Bilder – eine einzigartige imaginäre Dimension ohne Grenzen aus, in der die Welt und das Ich eine und dieselbe aus Bildern gemachte Sache darstellen. Wenn wir diese Lacanschen Prämissen anerkennen, werden wir

erfassen, daß im Falle des Ich die Unterscheidung innerlich/äußerlich aufgehoben ist: Das Ich befindet sich da, im offensichtlich äußeren Bild, zum Beispiel jenem meines Nächsten eher als im bewußten Gefühl meiner selbst.
Hingegen sind die das imaginäre Ich konstituierenden Bilder nicht irgendwelche Bilder. Für Lacan strukturiert sich das Ich entsprechend einer wohlgeordneten Schichtung von aufeinanderfolgenden Bildern, wobei jedes mit der Leidenschaft des Hasses, der Liebe und der Ignoranz wahrgenommen wird. Das Ich identifiziert sich selektiv nur mit den Bildern, in denen es sich wiedererkennt, d. h. mit prägenden Bildern, welche, näher oder ferner stehend, die menschliche Figur des anderen, eines Seinesgleichen leidenschaftlich heraufbeschwören. Was aber bindet affektiv das Ich an diese auserwählten Bilder des anderen, die zu seiner einzigen Substanz geworden sind? Es genügt nicht, das Ich als den Niederschlag der vom anderen zurückgeworfenen Bilder zu definieren, und es gilt auch, das herauszuschälen, was von diesen Bildern sich mit Leidenschaft an das Ich bis zu dessen Konstituierung bindet.
Das einzige, was das Ich an das Bild des anderen bindet, wodurch es angezogen und entfremdet wird, ist gerade das, was sich im Bild nicht wahrnehmen läßt, d. h. der sexuelle Teil dieses anderen. Die wahre imaginäre Erfassung des Ich ist nicht die durch das Bild bewerkstelligte, sondern geschieht durch den nicht wahrnehmbaren, negativierten Teil des Bildes. Mit diesem Teil in der Höhlung des Bildes identifiziert sich das Ich tatsächlich. Darauf soll also unsere Überlegung hinauslaufen: Die imaginäre Identifizierung, die das Ich entstehen läßt, ist mehr als eine Reihe von aufeinanderfolgenden Bildern, sie ist in ihrem Grunde die Fusion des Ich mit dem gelöcherten Anteil des Bildes eines Seinesgleichen.

Greifen wir nochmals Punkt für Punkt unsere hauptsächlichen Aussagen über die imaginäre Identifizierung auf:

• das imaginäre Ich bildet sich innerhalb des Rahmens des symbolischen »Ich«, welches sich anläßlich des Spiegelstadiums begründet;
• für das Ich besteht die Welt nur aus Bildern. So gibt es auch zwischen ihm und der Welt Kontinuität und Konstanz. Das Ich situiert sich im offensichtlich äußeren Bild, und die Welt ist in mir im offenbar intimsten Bild;
• alle Bilder der Welt sind nicht konstitutiv für das Ich. Das Ich nimmt nur die Bilder wahr, in denen es sich wiedererkennt, d. h. in jenen prägnanten Bildern, die aus einer mehr oder minder großen Nähe leidenschaftlich die menschliche Figur des anderen, also eines Seinesgleichen hervorrufen;
• der imaginäre Teil des gleichartigen anderen, der die Wahrnehmung des Ich anzieht und dieses auch entfremdet, ist genaugenommen nicht die menschliche Form im allgemeinen, sondern all das vom Bild, welches sexuell konnotiert ist;
• der der imaginären Identifizierung des Ich inhärente Narzißmus reduziert sich nicht auf die einfache Formel »sich selbst lieben über das Bild des anderen«. Das narzißtische Ich läßt sich vielmehr nach dem Satz definieren: »Sich selbst lieben so wie man das Geschlecht des Bildes des anderen liebt« oder, direkter gesagt, »ich liebe mich so, wie ich mein Geschlecht liebe«.

Das Ich bildet sich also nur in den prägnanten Bildern, die es ihm mehr oder weniger erlauben, auf sich selbst zurückzukommen und die ihm die imaginäre Natur eines sexuellen Wesens bestätigen.

Phantasmatische Identifizierung vom Subjekt zum Objekt: Entstehung eines psychischen Komplexes, der Phantasma genannt wird

Zum Schluß wollen wir jene dritte Art der Teilidentifizierung behandeln, welche die Struktur des unbewußten Phantasmas bestimmt. Für Lacan erklärt sich ein weites Spektrum von klinischen Bildern, die von Tagträumen bis zu gewissen Wahnbildungen reichen, entsprechend einer formalen Matrix, die sich aus zwei Begriffen zusammensetzt: das Subjekt des Unbewußten, dessen Status als formale Entität wir soeben begründet haben, und das Objekt, das bisher dahingehend charakterisiert wurde, daß es die sexuelle Erregung ist, mit der sich das hysterische Ich identifiziert und welches wir nun besser definieren wollen. Das Verhältnis zwischen diesen beiden Begriffen reduziert sich hauptsächlich auf eine Asimmilation des einen auf den anderen, ausgedrückt durch die Formel $\$ \diamond a$; die Raute zeigt den Vorgang der Identifizierung des Subjekts mit dem Objekt an.

Um die Natur dieses Objekts *a* zu verstehen, mit dem sich das Subjekt identifiziert und um so die hauptsächliche Triebfeder der phantasmatischen Identifizierung kennenzulernen, wollen wir das Beispiel eines Phantasmas heranziehen, das sich nicht in der Erzählung eines Patienten in der analytischen Kur äußert, sondern in einer motorischen Aktion, die sich konkret im Raum und in der Zeit vollzieht. Wir wollen festhalten, daß sich das unbewußte Phantasma sowohl über Worte als auch direkt unter der Form eines Agierens manifestieren kann. Nehmen wir den Fall eines 10jährigen Kindes, welches häufigen Wutanfällen ausgesetzt ist, das nun Opfer einer großen motorischen Erregung und bereit ist, das erste Objekt in seiner Reichweite zu zerstören. Anläßlich dieser durch Schreien und Weinen gekennzeichneten Augenblicke bedroht es seine Eltern, sich mit einem Messer zu töten oder sich aus dem Fenster zu stürzen; eine

Bedrohung, die es bereits mehrmals in die Realität umzusetzen versucht hat.

Stellen wir nun folgende Frage: Wo erkennen wir in diesem kurzen klinischen Bericht den Platz des Objekts *a* und wie können wir dabei die phantasmatische Identifizierung erklären? Um das Objekt richtig zu situieren, müssen wir zuerst sorgfältig den dominanten *Affekt* innerhalb eines Phantasmas (hier Haß und Wut in manifester Form) und die nicht wahrnehmbare *unbewußte psychische Spannung* am Ursprung des Phantasmas unterscheiden. Was letztere betrifft, müssen wir präzisieren. Die Spannung, welche die Triebaktivität über das Phantasma zu entladen bzw. durch die motorische Erregung zu exteriorisieren versucht, folgt in Wirklichkeit einer doppelten Bestimmung. Einerseits wird sie tatsächlich entladen, indem sie sich in Muskelkraft transformiert, andererseits bleibt sie in Wartestellung, indem sie im psychischen Raum umherirrt. Ein Teil wird also in Phantasma umgewandelt und der andere bleibt ein irreduzibler Rest, welcher kontinuierlich den Trieb in Richtung Entladung fördert und antreibt, d. h. in Richtung einer Produktion neuer Phantasmen. Sagen wir zunächst, daß Lacan zufolge das Objekt – das Objekt *a* – genau mit einem Überschuß an konstanter Energie zusammenfällt, welcher nicht in ein Phantasma umgesetzt werden kann, sondern vielmehr neue Phantasmen verursacht.

Markieren wir noch einmal den Platz des Objekts, aber aus einer anderen Perspektive. Betrachten wir nun nicht die Ursache und den Ursprung des Phantasmas, sondern seine Funktion als ein bereits ausgearbeitetes psychisches Produkt. In der Tat ist das Phantasma eine psychische Bildung, ein Produkt, das dazu bestimmt ist, wie ein Köder den Drang des Triebes aufrechtzuerhalten, um so zu vermeiden, daß er die hypothetische Grenze eines unerträglichen Genießens erreicht, welches die totale Entladung der Triebenergie bedeuten würde. Die Funktion des unbewußten Phantasmas besteht somit darin, den Zugang zu einem absoluten Genießen zu versperren und partiell den Trieb zu befriedigen, allerdings auf die Gefahr hin, diesen Überschuß an Energie, den zu kanalisieren dem Phantasma nicht gelungen ist, immer lebendig zu erhalten. Es ist, als ob das im Phantasma gefangene Kind im Augenblick des Anfalls ausrufen würde: »Ich lasse mich lieber vom Drang, etwas oder mich zu zerstören, davontreiben und ziehe es vor, in mir eine unauslöschbare Erregung zu bewahren, als daß ich mich auflösen lasse in der grenzenlosen Leere einer vollständigen Triebentladung!« Oder aber: »Ich leide lieber an meinem Anfall, um so teilweise den Trieb zu befriedigen, als unter der Last eines unendlichen Leidens zu verschwinden.« Kurz gefaßt ist das Phantasma eine Abwehr, ein Schutz des Ich des Kindes gegen die Angst vor der Vernichtung als Ausdruck der totalen Entladung seiner Triebe. Dies geschieht um den Preis eines Leidens, welches eine möglicherweise gefährliche motorische Krise zur Folge hat und einer nie ganz gelingenden Lösung einer immer aktiven Triebkraft.

Aber das Objekt ist nicht nur ein Übermaß an Triebenergie am abweichenden Ursprung verschiedener psychischer Bildungen. Es ist vor allem eine Spannung sexueller Natur in dem Maß, in dem sie an eine körperliche erogene Quelle gebunden ist, an einen erotisierten Teil des Körpers, der immer im Zentrum des Phantasmas präsent ist. Im vorliegenden klinischen Beispiel ist die Triebbefriedigung – oder vielmehr der entladene Teil der Energie – möglich geworden dank der Mobilisierung der Gesamtheit von Muskeln, die anläßlich des motorischen Anfalls die in höchstem Maß sexualisierte Körperregion geworden ist. Wohlgemerkt: In dem Maße, in dem die Triebspannung in Muskelkraft transformiert wird oder, im Gegenteil, nicht verwendet wird (Objekt *a*), verbleibt sie grundsätzlich in ihrem sexuellen Status. Die erogene Zone des Körpers kennzeichnet in ihrer Sexualität sowohl das Übermaß an nicht konvertierter Energie als auch die entladene Energie.

Das Objekt *a* nimmt folglich verschiedene Gestalten an und trägt verschiedene Benennungen entsprechend der erogenen Zone des Körpers, die im Phantasma vorherrscht. Wenn die vorherrschende erogene Zone der Mund ist, so nimmt das Objekt *a* die Gestalt der Brust an und das Phantasma läßt sich als orales Phantasma bezeichnen; wenn die entsprechende Zone der Anus ist, wird das Objekt eine exkrementelle Form annehmen und das Phantasma kann als anales Phantasma charakterisiert werden; wenn die erogene Region im Auge lokalisiert ist, verwandelt sich das Objekt in die Figur des Blicks und das Phantasma ist ein sogenanntes »skoptisches Phantasma«, usw. Im klinischen Fall dieses destruktiven (und autodestruktiven) Kindes entspricht die vorherrschende erogene Quelle der ganzen Muskelmasse, das Objekt nimmt die Form unbewußten Schmerzes an und das Phantasma ist als sadomasochistisches Phantasma zu bezeichnen. Insgesamt aktualisieren die Wutanfälle, welchen das Kind unterworfen ist, ein organisiertes Phantasma um dieses zentrale Objekt *a* herum, welches das unbewußte Genießen ist, Schmerz zu erleben.

Nach dem Gesagten stellt sich die Frage, wo der Platz der Identifizierung im Phantasma ist. Wir haben betont, daß der Mechanismus, der ein Phantasma strukturiert, sich in der Identifizierung des Subjekts mit dem Objekt erfassen läßt. Zu behaupten, daß das Subjekt sich mit dem Objekt identifiziert ($\$ \diamond a$) oder daß im Phantasma das Subjekt das Objekt *ist*, bedeutet einfach, daß sich das Subjekt im Augenblick der Erscheinung einer phantasmatischen Bildung im kompakten Teil einer Spannung kristallisiert, der eine Entladung nicht gelingt. Wenn das Kind den Höhepunkt seiner Krise erlebt, haben wir den Eindruck, daß alles in ihm aus Schmerz besteht, daß es nur Schmerz ist und daß der Schmerz – zentraler Pol des Phantasmas – das Sein des Kindes absorbiert und verdichtet. Erinnern wir uns, daß für das Subjekt Assimilation in lokaler und provisorischer Weise an das Objekt Schmerz die beste Abwehrform gegen jene andere unerträgliche Assimilation des Subjekts an ein unendliches Leiden darstellt.

VI. Der Begriff des Über-Ich

Das Über-Ich ist genausogut der Feind des Menschen wie auch sein Freund. Man übertreibt nicht, wenn man sagt, daß das psychische Leben des Menschen beherrscht wird von hartnäckigen Versuchen, der Macht des Über-Ich zu entrinnen oder sie zu festigen.

Ernest Jones

Die Herkunft dieser obersten Instanz der Persönlichkeit – von Freud ausführlich im Rahmen der zweiten Theorie des psychischen Apparates beschrieben (Apparat zusammengesetzt aus dem Ich, dem Es und dem Über-Ich) – läßt sich bis zum Verschwinden des Ödipuskomplexes, das ist um das 5. Lebensjahr herum, zurückverfolgen. In dieser Zeit wird das Verbot, seinem inzestuösen Verlangen nachzugeben, welches die Eltern dem ödipalen Kind auferlegen, im Ich zu einem Zusammenwirken von moralischen Forderungen und Verboten, welches sich das Subjekt von nun an selbst auferlegt. Genau diese in der ödipalen Phase internalisierte Autorität der Eltern, abgegrenzt inmitten des Ich und doch wie ein Teil von ihm, nennt die Psychoanalyse das Über-Ich. Freud hat in einer wohlbekannten Formulierung das Grundwesen des Über-Ich zusammengefaßt: »Das Über-Ich ist der Erbe des Ödipuskomplexes.«[54]

Die Genese des archaischen Über-Ich und seine drei unbewußten Funktionen: Verbieten, Ermahnen, Beschützen

Aber was hat der Ödipuskomplex eigentlich wirklich auf diesen psychischen Sohn, der das Über-Ich ist, übertragen? Wovon ist es die Spur? Das Über-Ich ist die psychische und dauerhafte Spur der Lösung des bedeutsamen Konflikts der ödipalen Szene. Dieser Konflikt, dessen Ausgang die endgültige Lösung des Dramas sein wird, besteht aus einem scharfen Gegensatz zwischen dem Gesetz, das verbietet, und der gleichzeitigen Vorstellung des Inzestgenusses. Wohlgemerkt, der Konflikt liegt nicht zwischen dem verbietenden Gesetz und dem inzestuösen Wunsch des Kindes, sondern zwischen diesem Gesetz und der dadurch undenkbaren Befriedigung, dem Genießen, das die Erfüllung des Begehrens bedeuten würde. Mit anderen Worten, das Gesetz verbietet nicht das Begehren, es kann das Kind nicht daran hindern zu begehren, sondern es verbietet ausschließlich die reine Befriedigung des Begehrens. Kurz gesagt, *das Gesetz verbietet das Genießen.* So ist der Konflikt, dem das Über-Ich entspringt, nicht zwischen dem Gesetz und dem Begehren gelegen, sondern zwischen dem Gesetz und dem absoluten Genießen des Inzests.

Aber wie wird sich dieser Konflikt lösen, oder eher, wie wird sich das Über-Ich bilden? Aus Angst, kastriert zu werden, unterwirft sich das Kind resigniert dem Verbot der Eltern, und nimmt es furcht- und haßerfüllt hin, auf die Erfüllung seines Wunsches zu verzichten, aber der Wunsch ist deswegen noch lange nicht unterdrückt. Aber was könnte die Unterwerfung des Kindes unter das Verbot anderes bedeuten, als daß es sich das Gesetz einverleibt und so zu seinem psychischen Eigentum macht? Anders gesagt, ein Teil des Ich identifiziert sich mit dem verbietenden Elternteil, während der andere Teil das Begehren fortsetzt. Das Kind wird somit fähig, gleichzeitig das Gesetz und das Begehren in sich aufzunehmen – es hört auf, sich zu spalten. Der Teil des Ich, in dem der dauerhafte Sitz des Verbots repräsentiert ist, bildet das, was wir das Über-Ich nennen. Darüber hinaus ist das Über-Ich im Seelenleben des Erwachsenen nicht nur die dauerhafte Repräsentation des Inzestverbots, sondern auch der Garant für die Wiederholung der drei grundsätzlichen Verhaltensweisen im Laufe des Lebens, die für das Kind das Ende der ödipalen Phase dargestellt haben. Diese drei Verhaltensweisen sind: auf das verbotene Genießen *zu verzichten*, sein Begehren *aufrechtzuerhalten* in Bezug auf das als unerreichbar angesehene Genießen und den eigenen Penis vor der Bedrohung durch Kastration zu *retten*. Eher »als seinen Penis *retten*« müssen wir in einem erweiterten Sinn sagen: seine physische und psychische Integrität vor der Gefahr der Zerstörung retten, die aufgetreten wäre, wenn das Ich des Kindes Zugang zum tragischen Genießen des Inzests gehabt hätte. Sagen wir hier genauer, daß »verboten«, »unerreichbar«, »gefährlich« Eigenschaften sind, die dasselbe Genießen benennen, und zwar von unterschiedlichen Gesichtspunkten aus: *Es* ist *verboten* aus der Sicht des Gesetzes, *unerreichbar* in Bezug auf das Begehren und *gefährlich* für die Festigkeit des Ich. Sagen wir es noch genauer, daß – im Gegensatz zur Behauptung mancher Autoren – das Verbot des Über-Ich in keinem Fall das Begehren berührt. Ja noch mehr, es bestätigt die Vitalität des Begehrens, da ja das Begehren, nachdem es noch nicht realisiert worden ist, unablässig seine Suche nach der inzestuösen Befriedigung fortsetzt, auch wenn diese verboten worden ist. Daß das Über-Ich existiert, ist sicherlich ein Zeichen der Stärke des Begehrens. Das Über-Ich repräsentiert keineswegs das Verschwinden des Begehrens, sondern den Verzicht auf die Erfahrung des Genießens, welche das Kind bei stattgefundenem Inzest kennengelernt hätte.

Wir sehen also, daß die Instanz des Über-Ich sich nicht rein auf eine psychische Repräsentation des Gesetzes reduziert. Sie ist vor allem die im Ich ständig erneuerte Spur der drei Verhaltensweisen, die unter den Ödipuskomplex einen Schlußstrich gezogen haben. Das Über-Ich bedeutet auch den Verzicht auf das verbotene Genießen, die Erregung des Begehrens eines, nicht möglichen, Genießens und den Schutz der Integrität des Ich, nicht nur gegen die Kastrationsdrohung, sondern auch gegen die Gefahr des furchterregenden Genießens des Inzests selbst. Wenn das Über-Ich diese drei Prinzipien auf eine einzige zwingende Formel bringen könnte, würde es dem Ich anordnen: »Begehre das Absolute, auf das du verzichten mußt, weil es dir verboten und gefährlich ist!« Diese Funktionen des Über-Ich, das Genießen zu verbieten, das Begehren anzuregen und die Integrität des Ich zu schützen – untrennbare Funktionen und wechselseitige Antagonisten – zeigen, wie sehr die Instanz des Über-Ich die Regungen des Ich das Genießen betreffend regelt: das Aufkommen von Trotz (Haß) gegenüber dem verbotenen Genießen, das Aufkommen von Anreiz (Liebe) bezüglich des unmöglichen Genießens[55] und eine Regung von Abscheu (Furcht) angesichts eines angsterregenden Genießens. Stellen wir noch einmal fest, daß dic Über-Ich-Instanz gerade mit den gleichen Affekten des Hasses, der Liebe und der Furcht beladen ist, welche vom Kind zur Zeit der endgültigen Lösung des Ödipuskomplexes empfunden worden sind. Der ursprüngliche Haß wird später zur sadistischen Strenge des Über-Ich und die Angst Ausdruck der Schuld des Ich.

Die zwei Kategorien des archaischen Über-Ich: das Über-Ich des Bewußtseins und das tyrannische unbewußte Über-Ich

Wir haben gerade die Genese des archaischen Über-Ich beschrieben und die drei Funktionen festgestellt, die es im stillen, das heißt unbewußt, neben dem Ich ausübt. Von dieser Grundstruktur aus können wir zwei gänzlich entgegengesetzte und doch koexistierende Kategorien des Über-Ich festhalten. Zuerst einmal erkennen wir ein dem Bewußtsein angeglichenes Über-Ich in seinen Varianten des moralischen Bewußtseins, des kritischen Bewußtseins und des Bewußtseins, das die idealen Werte hervorbringt. Dieses Über-Ich des Bewußtseins stimmt mit der klassischen Definition überein, die das Über-Ich als jenen Teil unserer Persönlichkeit bezeichnet, der unser Verhalten regelt, uns beurteilt und sich als ideales Modell darstellt. Aus dem Blickwinkel eines gewissenhaften Beobachters würde das Ich so auf die bewußten Forderungen einer zu befolgenden Moral und eines zu erreichenden Ideals antworten. Das bewußte Handeln – üblicherweise als ein rationales Derivat des archaischen Über-Ich angesehen – zeigt sich deutlich durch die Einverleibung ins Innere des Ich, nicht nur des Inzestverbots, sondern auch des kritischen Einflusses der Eltern und mehr und mehr der Gesellschaft in ihrer Gesamtheit. Aus der Sicht seiner drei Rollen und zwar des kritischen, des beurteilenden und des vorbildhaften Bewußtseins würde also dieses Über-Ich den subjektiven Teil der Grundfesten der Moral, der Kunst, der Religion und jedes Strebens nach sozialem und individuellem Wohlbefinden des Menschen darstellen.

Jedoch ist das Über-Ich des Bewußtseins in seinem spirituellen, idealen und selbstkritischen Charakter vielleicht nur die bestbekannte Seite des Über-Ich, vielleicht aber auch die oberflächlichste und die für den Psychoanalytiker am wenigsten wichtige. Wenn das Über-Ich nichts anderes wäre als ein Synonym für das moralische, ideale und kritische Bewußtsein, würden wir zögern, ihm einen besonderen Platz im Gebäude der psychoanalytischen Theorie zuzuweisen. Der Begriff des Über-Ich ist absolut entscheidend, um uns vor Augen zu führen, daß wir auch ein anderes Über-Ich in uns haben, welches nicht nur unterschiedlich, sondern geradezu den rationalen Prinzipien einer auf der Suche nach dem Guten begründeten Moral entgegengesetzt ist. Während das Trachten des Über-Ich-Bewußtseins zur Förderung des Wohlbefindens beiträgt, gibt es ein anderes, wildes und grausames Über-Ich, das zum großen Teil Ursache für menschliches Elend und absurder und infernaler Handlungen des Menschen (Selbstmord, Mord, Zerstörung und Krieg) ist. Das »Gute«, das uns dieses wilde Über-Ich zu finden befiehlt, ist nicht die gute Moral (das heißt das, was aus der Sicht der Gesellschaft gut ist), sondern das absolute Genießen selbst. Es befiehlt uns, jede Grenze zu überschreiten und die Unmöglichkeit eines unaufhörlich geraubten Genießens zu erlangen. Das tyrannische Über-Ich befiehlt, und wir gehorchen ohne zu wissen, auch dann, wenn es den Verlust und die Zerstörung dessen herbeiführt, was uns das Teuerste ist.

Die Exzesse des tyrannischen Über-Ich: es verdammt (übermäßigesVerbot) es befiehlt (übermäßige Ermahnung) es hemmt (übermäßiger Schutz)

Wenn also das Über-Ich klassischerweise dem Über-Ich des Bewußtseins angeglichen und so Garant für das moralische Gesetz des Inzestverbots ist, entdecken wir hier ein anderes Über-Ich als unbewußten und perversen Anstifter, welcher das Ich mit dem Reiz eines Ideals des Genießens verführt. Was das wilde Über-Ich in den Augen des Ich gemäß Freud repräsentiert, ist nicht die Wahrnehmung der äußeren Realität, sondern der unwiderstehliche Appell des Es, welcher das Ich dazu bringt, das Verbot zu übertreten und sich in einer Ekstase jenseits jeder Lust aufzulösen. Das ist genau der Sinn der von Lacan vorgeschlagenen Formulierung: »Das Über-Ich ist der Imperativ des Genießens – Genieße!« Durch den Druck des Über-Ich wird das Ich so weit in die Enge getrieben, daß es sich manchmal außerordentlich gewaltsame Handlungen gegen sich selbst sowie auch gegenüber der Außenwelt zuschulden kommen läßt. Ein Mordakt zum Beispiel wird oft von einem blindwütigen Befehl eines unerbittlichen Über-Ich diktiert. Es ist falsch, an die Schwäche des Über-Ich beim Kriminellen zu glauben, vielmehr ist der verabscheuungswürdigste Mord immer eine nicht unterdrückbare Antwort auf ein Dröhnen des Über-Ich, welches das Begehren bis an sein Äußerstes zu treiben verlangt. Ein jedoch niemals erreichtes Extrem, denn kein Begehren – sei es noch so mörderisch – wird je das volle Genießen erlangen. Ein Verbrechen, ein Selbstmord oder auch jede andere Mord- und Gewalttat stellt nichts anderes dar als die teilweise Befriedigung auf jenem Weg, der das Subjekt in Richtung der Fata Morgana einer vermeintlich absoluten Befriedigung führt. Man versteht demnach, daß im Über-Ich nichts ande-

res regiert als die reine Kultur des Todestriebs – wie Freud es schreibt.
Nein, das Über-Ich ist nicht allein der psychische Repräsentant eines Moralgesetzes, welches auf unser eigenes Wohl und das der anderen ausgerichtet ist (Über-Ich-Bewußtsein); es ist nicht nur Repräsentant eines unbewußten symbolischen Gesetzes (archaisches Über-Ich); es ist vor allem ein Scheingesetz, unbewußt und sinnlos, dessen Diktat – machtvoller als irgendein anderer Befehl des Bewußtseins – uns anweist, unser Begehren bis zu seinem äußersten Punkt zu treiben.

Aber das grausame Über-Ich zeichnet sich nicht nur durch die Maßlosigkeit seiner Zurechtweisung aus, sondern ist auch maßlos in seiner Rolle als Verbieter des Genießens und als Wächter der Integrität des Ich. Die drei archaischen Über-Ich-Funktionen, nämlich die Ermahnung, das Verbieten und der Schutz werden von diesem tyrannischen Über-Ich nur auf gewalttätige und krankhafte Weise übernommen. Die übertriebene Ermahnung führt, wie wir gerade gesehen haben, zu brutalen Verwirklichungen mörderischer oder selbstmörderischer Wünsche. Das zu strenge Verbot führt zu absurden Manifestationen der Selbstbestrafung, wie sie für pathologische Zustandsbilder charakteristisch sind, so etwa im Falle der Melancholie, bei gewissen Formen des Schuldwahns oder auch im klinischen Bild, das von Lacan als »Selbstbestrafungsparanoia« beschrieben wurde. Halten wir in diesem Sinne fest, daß die vom irrationalen Über-Ich ausgeübte Verurteilung derartig exzessiv ist, daß das Über-Ich mit sadistischem Vergnügen sich an der Strenge der eigenen Sanktionen erfreut. Wir stehen hier vor dem einzigartigen Paradoxon, wie das Über-Ich einesteils das Genießen im Zaum hält, und andernteils aber gerade daran Genuß findet, das Verbot auszuüben. Schlußendlich wacht die dritte mißbräuchliche Funktion des Über-Ich als Ichprotektor derartig eifersüchtig über dieses, daß es zu einem von sinnlosen Verboten charakterisierten Verhalten kommt. Das Über-Ich kann zum Beispiel leicht einem Mann die sexuelle Beziehung zu seiner Frau verbieten, indem es ihm diese als eine schreckliche Gefahr erscheinen läßt.

Die Genese des tyrannischen Über-Ich: Das tyrannische Über-Ich als Erbe eines primitiven Traumas

Dieses Über-Ich, derartig zügellos in seinen Mahnungen, so grausam in seinen Verboten, derart sadistisch in seiner Härte und so eifersüchtig wachsam, kommt gleich – wie das archaische Über-Ich – aus einer Krise zum Vorschein, in der das Kind mit einem Verbot konfrontiert wird. Hier aber handelt es sich nicht notwendigerweise um die ödipale Krise, sondern um ein wie immer geartetes Trauma, welches das Kind unabhängig von seinem Alter erlitt, wenn seine Phantasmen die Stimme eines Erwachsenen wie einen brutalen und zerstörerischen Befehl erscheinen lassen[56]. Wie in einem Rausch spürt das Kind das Gewicht der elterlichen Autorität und Einschüchterung, ohne zu verstehen, worauf sich das von den phantasierten Stimmen der Eltern geäußerte Verbot wirklich bezieht. Der Sinn des Verbots, ein Sinn, der grundsätzlich über jedes symbolische und strukturierende Sprechen vermittelt werden kann, wird durch den penetranten Ton des elterlichen Schreiens aufgehoben. Der phantasierte Ton vertreibt den symbolischen Sinn und wird innerhalb des Ich zum klanglichen, isolierten und herumirrenden Ort, in dem sich das tyrannische Über-Ich einrichtet. Die Substanz dieses Über-Ich reduziert sich letztlich auf ein Stückchen einer umhertreibenden Stimme, auf ein herumirrendes Objekt, was in der Theorie Lacans Objekt *a* genannt wird. Um über das Zurückweisen des Symbolischen und seiner imaginären Konsequenzen im Ich Rechenschaft abzulegen, greift Lacan auf den Begriff der Verwerfung zurück und erklärt, daß das Zurückweisen der Gebote des Sprechens in Form einer Kluft im Imaginären wieder auftaucht. Wenn wir uns nun den Ursprung und die Natur des tyrannischen Über-Ich gemäß unserer These durchdenken, nämlich wie das Objekt *a* gebildet wird, so erkennen wir in diesem Über-Ich einen beispielhaften Fall einer Bildung des Objekts *a,* welches von der Verwerfung hervorgebracht wird.[57]

Wir können also eine spezifische Genese des tyrannischen Über-Ich anerkennen und von der des archaischen Über-Ich unterscheiden, welches aus dem Ödipuskomplex gebildet wird[58]. Während sich das archaische Über-Ich entsprechend der Einverleibung des Bildes der elterlichen Autorität und der Einschreibung des Gesetzes des Inzestverbotes im Ich bildet, wird das tyrannische Über-Ich sozusagen zur Unzeit aus dem traumatischen Riß entstehen, den das Ich anläßlich des Zurückweisens eines symbolischen Sprechens erlitten hat. Der imaginären Einverleibung und der symbolischen Einschreibung, Ursprungsfaktoren des archaischen Über-Ich, stehen so die Ursprungsfaktoren des tyrannischen Über-Ich – der traumatische Riß sowie die verwerfende Zurückweisung – gegenüber. Um die berühmte Behauptung Freuds zu paraphrasieren, daß »das (archaische) Über-Ich der Erbe des Ödipuskomplexes«[59] sei, schlage ich folgende Formulierung vor: *Das tyrannische Über-Ich ist der Erbe eines primitiven Traumas.*

Nun verstehen wir besser, warum das grausame und wilde Über-Ich nicht das Gesetz des archaischen Verbotes verkörpert, sondern gleichsam ein Zerrbild des Gesetzes darstellt, ein gelöchertes Gesetz, gewissermaßen zerstört, ein wildes und unsinniges Dröhnen des Gesetzes. Die einzige Eigenschaft, die das Über-Ich als Gesetz erscheinen läßt, ist die imperative Art, die es annimmt um sich beim Ich Gehör zu verschaffen. Abgesehen davon ist die Instanz des tyrannischen Über-Ich nichts anderes als ein vom Ich in Gestalt eines schrecklichen Schreiens personifiziertes Trauma, eine Instanz, die verurteilt (übermäßiges Verbot), befiehlt (übermäßige Ermahnung) und unterdrückt (übermäßiger Schutz).

Das Schuldgefühl ist eine imaginäre Krankheit des Ich, welche nach dem imaginären Heilmittel der vom Über-Ich auferlegten Selbstbestrafung verlangt

Was ist die Schuld? Warum ist das Über-Ich immer an den Begriff der Schuld gebunden? Unseren praktischen Erfahrungen aus der analytischen Arbeit nach ist die Schuld, psychoanalytisch gesehen, ein im wesentlichen unbewußtes Gefühl. Wenn der Begriff der Schuld in Freuds Theorie eingeführt wurde, so geschah dies, um aufzudecken, daß die einzig relevante Schuld im Seelenleben das Gefühl ist, schuldig zu sein, ohne davon paradoxerweise irgendeine bewußte Vorstellung zu haben. »Aber dies Schuldgefühl«, schreibt Freud, »ist für den Kranken stumm, es sagt ihm nicht, daß er schuldig ist, er fühlt sich nicht schuldig, sondern krank«[60]. Tatsächlich können wir aus der Sicht der Psychoanalyse schuldig sein und dennoch ignorieren, daß wir es sind, da uns ja bewußt niemand anklagt und scheinbar kein Delikt begangen worden ist. Während wir also im Bewußtsein unschuldig sind, sind wir im Unbewußten schuldig. Aber diese Schuld, von der das Bewußtsein keine Spur trägt, zeigt sich indirekt durch psychopathologische Zustände (Zwangsneurose, Depression, unbewältigte Trauer, Schuldwahn) und durch psychische Erscheinungen wie Halluzinationen, Schmerz und Leidenszustände sowie Mißerfolge im Laufe der Behandlung. Bezüglich dieser letzteren denken wir an einen beispielhaften Fall einer *negativen therapeutischen Reaktion.* Nach einer analytischen Arbeit, die bereits zu einer Besserung des Zustandes des Patienten geführt hat, stellt der Analytiker wider jede Erwartung die Rückkehr der schon verschwunden geglaubten Symptome und eine Verschlechterung des Leidens fest. Es war, als ob beim Analysanten eine unbekannte Kraft existierte, die eine Verbesserung verhindern und die ihm einen noch größeren Schmerz mit dem Charakter einer Bestrafung auferlegen würde. Die Schuld als Ursprung dieser unerwarteten Reaktion zeigt sich dem Patienten nie. Er glaubt ganz einfach an eine unerklärliche Komplikation seines Zustandes, er sieht sich als krank an, aber er hält sich nicht für schuldig.

Unbewußtes Schuldgefühl, Strafbedürfnis und Benennungsbedürfnis

Die Arbeit mit unseren Patienten bestätigt voll und ganz jene Freudsche These, derzufolge das Leiden an Symptomen ein unbekanntes Vergehen sühnt. Das Ich erkrankt oder erkrankt immer wieder, um den Druck des unbewußten Schuldgefühls zu lockern. Wir finden uns hier einer seltsamen Gleichung gegenüber: Der empfundene Schmerz (Selbstbestrafung in Form von neuen Symptomen) ist die Linderung eines nicht empfundenen Schmerzes (Schuldgefühl). Aber, um den innersten Mechanismus dieses klinischen Phänomens besser erfassen zu können, müssen wir verstehen, daß das schmerzhafte Gefühl von Schuld – von einem ökonomischen Gesichtspunkt aus – in einer so unerträglichen Spannung besteht, daß es, um sich zu befreien, die besänftigende Handlung einer krankhaften Selbstbestrafung nach sich zieht. Wir können also sagen, daß das Eigentliche des unbewußten Schuldgefühles darin besteht, die nicht unterdrückbare Notwendigkeit, bestraft zu werden, automatisch wachzurufen.

Aber die Bestrafungshandlung besteht nicht nur in einer die Spannung aufhebenden Energieabfuhr, sie ist auch von einem symbolischen Gesichtspunkt aus Befriedigung in einer anderen Weise. Die Bestrafungshandlung bringt auch Erleichterung, da sie gestattet, ein unbewußtes Vergehen, das bisher keine Vorstellung hatte, zu lokalisieren. Um ertragen zu werden, fordert das Schuldgefühl nicht nur eine Handlung, die das Vergehen sühnt, sondern auch einen Namen, der es repräsentiert ; das Bedürfnis nach Bestrafung verdoppelt sich in einem unabweislichen Bedürfnis nach Benennung. Manchmal ist diese doppelte Notwendigkeit zu strafen und zu benennen so packend, daß es ihr gelingt, einen Menschen dazu zu bringen, eine wirkliche Verfehlung zu begehen, die eine ebenfalls wirkliche Strafe nach sich zieht und schließlich das unbewußte Vergehen benennt. Freud schreibt: »Es läßt sich bei vielen, besonders jugendlichen Verbrechern ein mächtiges Schuldgefühl nachweisen, welches vor der Tat bestand, also nicht deren Folge, sondern deren Motiv ist, als ob es als Erleichterung empfunden würde, dies unbewußte Schuldgefühl an etwas Reales und Aktuelles knüpfen zu können[61]«. Die Beziehung *Schuld* (Ursache) – *Selbstbestrafung* (Wirkung) ist so eng, daß wir das eine mit dem anderen identifizieren und die folgenden drei Ausdrücke für äquivalent halten : »unbewußtes Schuldgefühl«, »Strafbedürfnis« und das von uns vorgeschlagene »Benennungsbedürfnis«.

Das Über-Ich macht das Ich eines imaginären Vergehens schuldig und bestraft es

Nun können wir den Part festlegen, den das Über-Ich im Prozeß der Schuldhaftigkeit spielt, und schlagen dafür folgendes Schema vor :

Vom Ich begangenes, diesem jedoch unbekanntes Vergehen → kritische Stimme des Über-Ich → unbewußtes, vom Ich empfundenes Schuldgefühl → vom Über-Ich auferlegte Bestrafungshandlung

Aber bevor wir die Präsenz des Über-Ich im Schuldbewußtsein hervorheben, müssen wir zuerst daran erinnern, daß das Über-Ich nur ein differenzierter Teil des Ich ist, und daß jede Bezugnahme auf die Aktion des Über-Ich in Wahrheit als eine Bewegung verstanden werden muß, die das Ich in Beziehung zu sich selbst betrifft. Dies vorausgesetzt, heben wir zwei Auswirkungen des Über-Ich hervor. Die erste liegt auf der Ebene der Bestrafung, wo wir sie für identisch mit dem Bedürfnis halten, sich Leid aufzuerlegen. Das »Bestrafungsbedürfnis« ist schließlich nur eine besondere Form, die Kraft zu bezeichnen, die das Ich aufwenden muß, damit es ihm gelingt, sich gegen sich selbst zu wenden. Um diese Bewegung zu beschreiben, hätten wir unter Verwendung des Begriffes »Über-Ich« sagen können, das Über-Ich wappnet den autodestruktiven Arm des Ich, oder einfacher, das Über-Ich bestraft das Ich. Untersuchen wir nun die zweite Auswirkung des Über-Ich, die sich diesmal auf der Ebene der Urverfehlung des Unbewußten situiert.

Was ist aber das unbekannte Vergehen, für welches sich das Ich schuldig fühlt? Um darauf zu antworten, müssen wir das Schuldgefühl als elaborierte Form der Kastrationsangst ins Auge fassen. Die Furcht des Kindes in der ödipalen Phase vor dem Verbot der äußeren Autorität wandelt sich später in Schuldgefühle gegenüber dem Verbot der inneren Autorität (Über-Ich) um. Diese imaginären Reaktionen von Angst und Schuldgefühl werden aber nicht nur durch das bedrohliche Verbot der Realisierung des inzestuösen Genießens geweckt, sondern auch durch die gleichzeitig auftretende Heftigkeit, mit der das Ich sein eigenes Begehren spürt. Das Ich gerät vor dem Verbot nur dann in Angst und Schuldgefühle, wenn es gleichzeitig der inneren Erregung, die sein Begehren hervorruft, gewahr wird. Hier also verfällt das Ich einem Irrtum und es richtet sich in ihm das Vergehen als Parasit des Neurotikers ein. Aber um welchen Irrtum handelt es sich? Das Ich irrt sich und hält sich für schuldig, wenn es – in der

Wahrnehmung der Erregung seines Begehrens – glaubt, die Erfüllung seines Begehrens zu spüren; es fühlt das Begehren, glaubt aber das Genießen zu empfinden.

Das Ich macht sich also nicht so sehr des Begehrens schuldig, sondern seiner Unfähigkeit, auf zwei entgegengesetzte, gleichzeitig auftretende Forderungen des tyrannischen Über-Ich antworten zu können. Einerseits muß es sich dem bedrängenden Anspruch einer Stimme, die es auffordert zu genießen, unterwerfen, und andererseits muß es einer zweiten Stimme gehorchen, die ihm – im Gegensatz dazu – das Genießen untersagt. Dem auffordernden Über-Ich gegenüber ist das Ich schuldig, sein Begehren nicht zu realisieren: Es ist ein Vergehen durch Unterlassung; und gegenüber dem Über-Ich, das untersagt und verurteilt, ist es schuldig, drauf und dran zu sein, dieses Begehren zu realisieren: Es ist ein Vergehen durch Überschreitung. Doppelt schuldig in den Augen des Über-Ich, sein Begehren nicht zu erfüllen und – umgekehrt –, zu nahe an der Erfüllung zu sein, bleibt das gelähmte Ich eingeschlossen im Schraubstock der zwei einander gegenüberstehenden antagonistischen Ansprüche des Über-Ich.

Aber keines der beiden Vergehen wurde tatsächlich begangen denn – wie wir uns erinnern – ist das Begehren unmöglich zu erfüllen. Ich kann nicht für eine Handlung schuldig sein, die ich unmöglich ausführen kann. Wenn das Über-Ich nicht existierte, wäre das Ich aus sich heraus niemals schuldig. Das Über-Ich existiert, was bedeutet, daß das Ich *glaubt* schuldig zu sein. Ja, das Schuldgefühl ist ein imaginärer Glaube des Ich, das falsche Vorgefühl des absoluten Genießens zu empfinden, obwohl es nur ein partielles Genießen erleben kann.

VII. Der Begriff der Verwerfung*

Der Begriff der Verwerfung ist eine theoretische Konstruktion, die den psychischen Mechanismus, der am Anfang der Psychose steht, zu erklären versucht. Weiters könnten sich auch gewisse vorübergehende Störungen wie eine Halluzination, ein akuter Wahn, eine Impulshandlung *(passage à l' acte)*, ja sogar psychosomatische Erkrankungen durch die Hypothese der Verwerfung erhellen. Diese klinischen Manifestationen – seien sie beständig oder vorübergehend – wären alle durch eine Störung in der Symbolisierung der Kastrationserfahrung verursacht. Wir sehen, daß die Verwerfung tatsächlich der Ausdruck ist, den die Psychoanalyse dem Inskriptionsmangel der normativen Erfahrung der Kastration im Unbewußten gibt. Dabei handelt es sich um eine entscheidende Erfahrung, die in dem Maße, wie sie symbolisiert ist, dem Kind erlaubt, sein eigenes Geschlecht anzunehmen und es dadurch befähigt, seine Grenzen anzuerkennen. Außer den klinischen und für die Psychose typischen Manifestationen wird sich diese Abwesenheit der Symbolisierung der Kastration besonders in einer Ungewißheit des psychotischen Patienten in Bezug auf seine geschlechtliche Identität und in einem Verlust des Realitätsgefühls zeigen.

* Es empfiehlt sich, vor dem Lesen dieses Textes das erste Kapitel über den Kastrationskomplex zu rekapitulieren.

Von einem terminologischen Gesichtspunkt aus wurde der Ausdruck *forclusion,* der aus der juridischen Sprache kommt, von Lacan vorgeschlagen, um das deutsche Wort Verwerfung zu übersetzen. Dieses wurde gelegentlich in den französischen Fassungen von Freud-Texten mit dem Wort *rejet* übersetzt. Genauer gesagt hat Lacan anfänglich den Ausdruck *retranchement* als französiches Äquivalent für den Ausdruck der Verwerfung verwendet.
Wir werden zuerst den Begriff der Verwerfung darstellen, indem wir Freud in seiner Untersuchung der Psychose folgen und, zweitens, das Lacansche Konzept dieses Begriffes entwickeln. Um unsere Studie weiterzuführen, werden wir uns auf die Lehre Lacans stützen und auch einige Aspekte einer anderen Arbeit von mir miteinbeziehen: »Die lokale Verwerfung: Beitrag zu Lacans Theorie der Verwerfung«[62].

DER BEGRIFF DER VERWERFUNG BEI FREUD

Die Psychose ist eine inadäquate und krankhafte Abwehr gegenüber der Gefahr der Kastrationserinnerung

Von seinen ersten Texten an hat sich Freud bemüht, einen für die Psychose typischen Abwehrmechanismus herauszuarbeiten. So vertritt er 1894, als die Theorie der Verdrängung noch nicht ausgereift ist, die These, nach der verschiedene Geisteskrankheiten der Ausdruck unangemessener und krankhafter Abwehrformen des Ich seien. Unter der Bezeichnung der »Abwehrneuropsychose« stellt Freud diverse klinische Bilder wie die Hysterie, die Phobie, den Zwang und gewisse halluzinatorische Psychosen zusammen, von denen eine jede für eine spezifische Form des Mißlingens der Abwehr des Ich relevant ist. In allen Fällen, ob es sich um Neurosen oder Psychosen handelt, stehen wir vor einer Unfähigkeit des Ich, sich gegen die Gefahr einer unerträglichen psychischen Vorstellung zu schützen. Aber inwiefern kann eine psychische Vorstellung, eine unbewußte Idee, eine Gefahr darstellen? Die Vorstellung, die das Ich bedroht, ist unerträglich, weil sie sich auf ein zu stark besetztes Fragment der Realität, das mit der Erfahrung der Kastration verbunden ist, bezieht. Was eine Gefahr für das Ich darstellt, ist tatsächlich das drohende Wiederauftauchen der schmerzhaften Erfahrung der Kastration in Form einer unbewußten Idee. Aber um wessen Kastration handelt es sich? Derjenigen des psychotischen Subjekts? Nein, die Kastration, um die es geht, ist vor allem die Kastration des Anderen, und zwar die der Mutter. Der Schmerz der Kastrationserfahrung bestand für das Kind darin, feststellen und wahrnehmen zu müssen, daß der Penis am weiblichen Körper der Mutter fehlte, wo er vermuteterweise hätte sein sollen. Genau gesagt: Die unerträgliche Vorstellung für das Ich ist nichts anderes als die Spur, die durch die schmerzliche Wahrnehmung des Fehlens des Penis bei der Frau zurückgelassen wurde. Schmerzlich, weil es anzeigt, daß das Kind auch diesen Mangel erleiden könnte, und schmerzhaft auch deshalb, weil diese Wahrnehmung die Ernsthaftigkeit des väterlichens Inzestverbots bekräftigt.

Die Logik der Kastrationserfahrung

Halten wir von nun an die zwei ersten von vier Zeiten fest, in deren Verlauf sich die Kastrationserfahrung entwickelt. Die Unterscheidung dieser zwei Zeiten, die wir bereits im Kapitel über den Begriff der Kastration vorgestellt haben, ist unentbehrlich, um nun Freuds und später Lacans Theorie der Verwerfung zu verstehen. Anfänglich findet sich ein mythischer Abschnitt, in dem das Kind von seinem eigenen Körper ausgeht und annimmt, daß alle menschlichen Wesen und insbesonders seine Mutter einen Penis besitzen. Diese mythische Vorannahme wird von Lacan mit dem primären

Attributionsurteil gleichgesetzt, d. h. mit einer universellen Zuordnung des Penis. Der zweite Abschnitt ist derjenige, in dem die schwerwiegende Tatsache der Kastration, also der Wahrnehmung des Penismangels, stattfindet. Die Spur dieses Wahrnehmungsereignisses – eingeschrieben im Unbewußten – hat den Wert eines *Existenzurteils* der Kastration, oder genauer gesagt, eines Urteils über die Existenz des Penismangels bei einer Frau. Es existiert zumindest eine Person, meine Mutter, die keinen Penis hat. Das Existenzurteil, das ein besonderes Fehlen bestätigt, ist das Korrelat des Zuordnungsurteils, das eine universelle Präsenz bestätigt. Kurz gesagt, die Gefahr, gegen die sich das Ich verteidigt, ist die Vorstellung einer Erfahrung im Unbewußten, die aus zwei Momenten besteht, und zwar der einer universellen Bestätigung und der einer besonderen Existenz eines Mangels. Der erste ist die Bedingung für die Verwirklichung des zweiten. Auf die *Illusion* einer Universalität des Penis (Attributionsurteil) folgt der schmerzhafte *Einsturz* dieser Illusion durch zwei Faktoren: die zweifelsfreie Feststellung des Fehlens des Penis bei der Mutter und die Unterwerfung unter das den Inzest verbietende Gesetz des Vaters. (Diese zwei Faktoren verschmelzen zu einem Existenzurteil).

Der Ausgang der Kastrationsprüfung schließt mit einer Entsagung ab, die den Schmerz des Kindes noch verschlimmert. Es hat bereits durch die Feststellung des Mangels bei der Mutter und durch die Interiorisierung des Verbots des Vaters verstanden, daß sein Penis bedroht war. Nun faßt das Kind den Entschluß, die Mutter zu verlieren, die ja das Objekt seines Begehrens ist, um sein eigenes Geschlecht zu retten. Diese Krise, die es durchgehen mußte, ist gewiß wichtig und strukturierend gewesen, da es dadurch fähig geworden ist, seinen Mangel anzunehmen und seine eigene Grenze festzusetzen, aber von dieser Prüfung möchte sein Ich nichts mehr wissen. Die Einschreibung der Kastrationserfahrung im Unbewußten ist das, was Freud *»die unerträgliche Vorstellung«* nennt, und es ist gerade diese Vorstellung, die das Ich manchmal auf psychotische Art (Verwerfung) abwehrt. Wir werden sehen, daß Lacan im Unterschied zu Freud die Verwerfung nicht ausschließlich auf die alleinige Einschreibung der Kastration ins Unbewußte zurückführt, sondern auf die zwei Abschnitte des Kastrationskomplexes: einerseits auf den Glauben an die Präsenz eines universalen Penis und andererseits auf die schmerzliche optische Wahrnehmung seines Fehlens, die durch das väterliche Verbot bestärkt wird.

Verwerfung der unerträglichen Vorstellung

Nachdem wir uns ins Gedächtnis zurückgerufen haben, warum die Vorstellung der Kastration schmerzlich ist, betrachten wir nun die verschiedenen Abwehrmechanismen, die vom Ich angewendet werden, um sich davor zu schützen, und im besonderen den spezifischeren der psychotischen Abwehr. Bei den Neurosen – Hysterie, Phobie oder Zwang – organisiert sich die Abwehr, die immer viel anpassungsfähiger ist als bei den Psychosen, indem sie die unerträgliche Vorstellung durch eine andere, für das Ich annehmbarere, ersetzt. Das Mißlingen dieses Ersatzmechanismus führt dann zu den für die Neurose typischen Symptomen. Bei den Psychosen hingegen besteht die Abwehr in einem genau festgelegten radikalen und gewaltsamen Akt. »Es gibt«, schreibt Freud, »nun eine weit energischere und erfolgreichere Art der Abwehr, die darin besteht, daß das Ich die unerträgliche Vorstellung mitsamt ihrem Affekt verwirft und sich so benimmt, als ob die Vorstellung nie an das Ich herangetreten wäre.«[63] Und weiters ist noch hinzuzufügen: »... das Ich reißt sich von der unerträglichen Vorstellung los, diese hängt aber untrennbar mit einem Stück der Realität (der Kastration) zusammen, und indem das Ich diese Leistung vollbringt, hat es sich auch von der Realität ganz oder teilweise losgelöst.« Man sieht also, daß die Art der psychotischen Abwehr nicht wie bei den Neurosen in einer Abschwächung der unerträglichen Vorstellung besteht, sondern in einer radikalen und endgültigen Abtrennung von Ich und Vorstellung. Das Ich stößt die Vorstellung aus und mit ihr auch das Fragment der Kastrationserfahrung, die daran gebunden war. Das heißt, daß bei der Verwerfung der Vorstellung das Ich auch den affektiven Inhalt der Vorstellung verwirft; indem es die Spur verwirft, verwirft es auch, was die Spur hervorruft, nämlich das auf die Mutter bezogene sexuelle Begehren. Die Abwehr bei den Psychosen ist viel energischer als bei den Neurosen, aber der Preis dafür ist ein schwerer Zustand halluzinatorischer Verworrenheit. Man bemerke, daß Freud zur gleichen Zeit den Ausdruck der *Projektion* verwendet, um den Mechanismus der Verwerfung, den wir gerade dargestellt haben, aufzuzeigen[64].

Aufhebung der unerträglichen Vorstellung

Das Freudsche Konzept der psychotischen Abwehr, das zunächst als Ausstoßung der Vorstellung verstanden wurde, verändert sich im Laufe der Zeit. Es handelt sich nun um einen noch gewaltsameren Vorgang, der in einer reinen und einfachen Aufhebung der Vorstellungsgefahr besteht. Freud schreibt 1911: »Es war nicht richtig zu sagen, die innerlich unterdrückte Empfindung werde nach außen projiziert; wir sehen vielmehr ein, daß das innerlich Aufgehobene von außen wiederkehrt.«[65] Freud erhärtet offensichtlich seine theoretische Position: Die Vorstellung wird nicht mehr von der Verwerfung betroffen, sondern buchstäblich im Inneren unterdrückt. Die Aufhebung der gefährlichen Vorstellung ist also so radikal, daß man sich fragen könnte, ob die Kastrationserfahrung jemals ins Unbewußte eingeschrieben wurde, und selbst wenn dies geschah, ob sie je erlebt worden war. »Damit war eigentlich kein Urteil über ihre Existenz gefällt, aber es war so gut als ob sie nicht existierte«[66]. Die Aufhebung ist ein so deutlicher und scharf abgetrennter Akt, daß wir mit Recht annehmen können, daß das psychotische Subjekt keinen Kastrationsschmerz kennt und auch nie von dieser entscheidenden und ausschlaggebenden Prüfung berührt worden ist. Als ob wir vor der Alternative zweier Thesen stünden: Entweder – *These der verwerfenden Zurückweisung (rejet forclusif)* – besteht die Verwerfung in der Ausstoßung der unbewußten Vorstellung der Kastration aus dem Ich, d. h. in der Zurückweisung der einzigen Sache, die sie im Unbewußten existieren läßt oder es gibt die *These der verwerfenden Aufhebung (l'abolition forclusive)*. Die Abwehr ist hier keine Verwerfung, sondern eine so lebhafte Unterdrückung, eine derart vollständige Ausradierung dieser Vorstellung, daß man daraus auf die reine und einfache Nichtexistenz der Kastrationserfahrung schließen könnte. Nun können wir also kurz diese zwei Möglichkeiten zusammenfassen: Entweder denken wir an eine *Verwerfung* der Spur einer Kastration, die existiert hat, oder wir denken paradoxerweise an die *Aufhebung* der Spur einer Kastration, die in Wirklichkeit niemals stattgefunden hat.

Die Rückkehr der unerträglichen Vorstellung

Ob die psychotische Abwehr in einer energischen Zurückweisung oder in einer einfachen und reinen Aufhebung besteht, so bleibt sie auf jeden Fall eine unangepaßte und krankhafte Abwehr, denn die Gefahr, die man gewaltsam entfernt, kehrt hartnäckig durch die Hintertür zurück. Denn sei die Vorstellung auch zurückgewiesen oder aufgehoben, sie wird unvermeidlich von außen zum Ich zurückkehren und die typischen psychotischen Störungen nach sich ziehen. Nehmen wir das berühmte Beispiel des Wolfsmanns, noch genauer des Ereignisses einer Halluzination, die sich in seiner Kindheit abgespielt hat.[67] »Als ich fünf Jahre alt war, spielte ich im Garten neben meiner Kinderfrau und schnitzelte mit meinem Taschenmesser an der Rinde eines jener Nußbäume, die auch in meinem Traum eine Rolle spielen. Plötzlich bemerkte ich mit unaussprechlichem Schrekken, daß ich mir den kleinem Finger der (rechten oder linken?) Hand so durchgeschnitten hatte, daß er nur noch an der Haut hing. Schmerz spürte ich keinen, aber eine große Angst. Ich getraute mich nicht, der wenige Schritte entfernten Kinderfrau etwas zu sagen, sank auf die nächste Bank und blieb da sitzen, unfähig, noch einen Blick auf den Finger zu werfen. Endlich wurde ich ruhig, faßte den Finger ins Auge und siehe da, er war ganz unverletzt.«[68]

Freud zieht in Erwägung, daß diese halluzinatorische Episode vom Mißerfolg der psychotischen Abwehr Zeugnis ablegt; dieser gelingt es nicht, die Gefahr einer Kastration, deren Spur reaktiviert wurde, auf Dauer fernzuhalten. Die Vorstellung, die ausgestoßen worden war, kommt von außen zurück und verwandelt sich nun in eine Halluzination (halluziniertes Bild des kleinen abgeschnittenen Fingers). Die Einprägung der Kastration ist gewiß vom Unbewußten ausgestoßen worden, aber sie kommt in der Form einer Halluzination zurück.

Unterschied zwischen der neurotischen Verdrängung und der psychotischen Verwerfung

Stellen wir hier einen entscheidenen Unterschied zwischen der neurotischen Abwehr durch Verdrängung und der psychotischen Abwehr durch Verwerfung oder Aufhebung fest. Beide scheitern in ihrem Versuch, der unerträglichen Vorstellung der Kastration entgegenzutreten, da ja diese unumgänglich zurückkehrt, wobei sich aber neurotischer und psychotischer Modus dieser Rückkehr stark unterscheiden. Während in der Neurose sowohl der verdrängte Inhalt als auch seine Wiederkehr symbolischer Natur sind, sind in der Psychose der verworfene Inhalt und das, was davon wiederkehrt, grundsätzlich heterogen. Im Fall der Verdrängung ist die Wiederkehr der Vorstellung wieder eine Vorstellung, die noch ein Teil des Ich ist; ein neurotisches Symptom z. B. ist eine Wiederkehr von gleicher symbolischer Natur und genauso ins Ich integriert wie die verdrängte Vorstellung. Im Gegensatz dazu ist die psychotische Wiederkehr etwas ganz anderes als die verworfene Vorstellung; das plötzlich auftretende und halluzinierte Bild des kleinen abgeschnittenen Fingers hat nicht nur keine der symbolischen Besonderheiten einer Vorstellung, sondern wird auch vom Ich ohne jeden Affekt aufgegriffen und mit der Deutlichkeit einer nicht zu verleugnenden Realität mit Fremdheitscharakter wahrgenommen. Wir können also folgendes zusammenfassen: *In der Neurose sind das Verdrängte und die Wiederkehr des Verdrängten homogen, während in der Psychose die Verwerfung und die Rückkehr des Verworfenen heterogen sind.*

DER BEGRIFF DER VERWERFUNG BEI LACAN

Die theoretische Position Lacans bezüglich der Verwerfung ist in verschiedenen Texten und zu verschiedenen Zeiten unterschiedlich, aber sie entwickelt sich grundsätzlich aus der dreifachen Unterscheidung heraus, die wir bereits aufgestellt haben, und zwar zwischen dem Mythos der universellen Zuweisung des Penis an *alle* menschlichen Wesen (universelles *Ganzes*), der Entdeckung durch das Kind, daß wenigstens eine kastrierte Person *existiert* – die Mutter –, die die Ausnahme des Universalitätsmythos ist (das *Eine* der Existenz), und der Tatsache des *Mangels* selbst. Wir haben also drei Elemente : das universelle Ganze, das Eine der Existenz und den Mangel selbst. Diese Triade des Ganzen einer

Illusion, des Einen einer Ausnahme und des Mangels stellt eine Matrix dar, die Lacan gleichzeitig sowohl unter einer logischen Perspektive und Terminologie wie auch unter dem Blickwinkel einer klassischen ödipalen Perspektive mit ihrer Terminologie betrachtet. Die erste Perspektive beschreibt die symbolische Dimension, während die zweite, die sich mit der ersten vollkommen deckt, die ödipale Triade – Vater, Mutter, Kind – definiert. Aber wenn es sich auch um die eine oder andere dieser Perspektiven handelt, haben wir es grundlegend immer mit einer basalen Dreiheit zu tun – das Ganze, das Eine und der Mangel, – auf die die Verwerfung einwirkt: Wir werden sehen, wie sich der Akt der Verwerfung entweder auf das Ganze oder auf das Eine der Existenz bezieht. Das dritte Element, der Mangel, ist davon nur indirekt betroffen. Wir müssen nun feststellen, daß Freud im Unterschied zu Lacan die Verwerfung stets auf ein einzelnes Element zurückgeführt hat, und zwar auf das der unerträglichen Vorstellung (die dem Einen in der Lacanschen Triade entspricht), während Lacan im Laufe seiner Texte die Verwerfung entweder in Bezug auf das Ganze oder in Bezug auf das Eine oder in Bezug auf ihre gemeinsame Verbindung zum Tragen kommen läßt.

Das Lacansche Konzept der Verwerfung aus der logischen Perspektive

Die Verbindung des Ganzen und des Einen.

Die Dimension, die von Lacan als die symbolische Dimension bezeichnet wird, umfaßt also drei wesentliche Bestandteile: das Ganze, das Eine und den Mangel. Drei Bestandteile, die in einer für die symbolische Ordnung eigenen Dynamik zusammengefügt werden; das Eine einer punktuellen, sich immer verändernden Existenz, die auftaucht und sich auf dem Boden eines von der Unvollkommenheit betroffenen Ganzen erneuert. Um die Bewegung des symbolischen Lebens auf eine Formel zu bringen, könnten wir sagen: Das Symbolische ist das fortwährende Hervorbringen einer Existenz, die im Positiven Entstehung bejaht und im Negativen einen Mangel in das Ganze gräbt.

Die Worte unserer Formel sind sicher abstrakt, aber die Logik des Symbolischen, die sie beschreiben, stimmt genau mit der Logik dieser schmerzhaften Prüfung – d.i. der Kastration – überein, die wir in der Kindheit erlebt haben und die wir unaufhörlich im Laufe unseres Lebens wiedererfahren, was bedeutet, daß wir unsere Identität als Subjekt nur in dem Augenblick behaupten können, in dem wir einen Akt setzen; das heißt fähig sind, einen Signifikanten zur *Existenz* zu bringen als Antwort auf die Anforderungen der Realität. Und damit das möglich ist, haben wir zuvor nicht ohne Schmerz den Mangel hinnehmen müssen, von welchem unsere Realität betroffen ist.

Wir können nun besser erkennen, worin der Verwerfungsvorgang besteht. Während der Mechanismus der Verdrängung vollkommen auf die Kohärenz und Flüssigkeit der symbolischen Bewegung achtet, zerreißt die Verwerfung im Gegensatz dazu gewaltsam die Verbindung zwischen dem Ganzen und dem immer wieder beginnenden Auftauchen des »Einen Neuen«. So besteht die Verwerfung im Nichtkommen einer erwarteten Existenz. Das Neue müßte kommen, aber es ist nicht gekommen. Was wird also aus ihm? Lacans genaue Antwort darauf: »Was dabei geschieht, das können Sie sehen: Was vom Symbolischen nicht ans Licht gekommen ist, erscheint im Realen.« Das heißt, daß die neue Existenz, die das Symbolische hätte aktualisieren müssen (ein Symptom oder eine Fehlleistung zum Beispiel) buchstäblich aufgehoben und ausgelöscht bleibt um bald wieder heftigst im Realen aufzutauchen. Das Eine der symbolischen Existenz, das am erwarteten Ort nicht aufgetaucht ist, erscheint nun anderswo, umgewandelt in eine reale Tatsache, plötzlich, massiv und ohne Appell. Wenn wir auf die halluzinatorische Episode des Wolfsmanns zurückkommen, so erkennen wir im Mutismus des in seiner Halluzination erstarrten Kindes das offensichtlichste Zeichen der Wiederkehr eines Sprechens im Realen, das existieren hätte müssen; das heißt, daß es vom Kind hätte gesagt werden müssen. Überwältigt ist das Kind ohne Stimme geblieben, und das Sprechen, das vom Symbolischen nicht ans Licht gekommen ist, hat sich in die Realität eines halluzinatorischen Bildes verwandelt.

Gewiß hat die Verwerfung die Verbindung zwischen dem Ganzen und dem Einen bzw. zwischen dem Urteil der Bejahung und dem Existenzurteil zerschnitten. Aber können wir genau die Einschlagstelle *(le point d'impact)* des Verwerfungsvorgangs festlegen? Welches ist das verworfene Element? Die Position Lacans erscheint uns in dieser Hinsicht nicht immer klar. In manchen Texten, v. a. den ersten (1954), entspricht die Verwerfung der reinen und einfachen Aufhebung dieses vorgängigen Ganzen, das von ihm unter dem Begriff der *primären Bejahung* oder des ursprünglichen Attributionsurteils, das wir als den Mythos des universalen Penis definiert haben, gekennzeichnet wurde. Wenn Lacan die Hypothese der Verwerfung der primären Bejahung aufrecht erhält, verstehen wir, daß er die Eventualität einer Verwerfung des ersten Abschnitts der Kastration postuliert, das heißt eine *Abwesenheit* jeglichen Glaubens an eine Universalität des Penis. Während die Bejahung der Boden selbst ist, in dem die Erfahrung der Kastration sich festsetzt, bedeutet seine Verwerfung, daß das Kind sich nicht einmal dem Dilemma stellen mußte, diese Erfahrung durchzumachen oder davor zurückzuweichen. Als ob das in Zukunft psychotische Kind nicht einmal die Möglichkeit gehabt hätte, die primäre Illusion des Mythos eines allen zugeordneten Penis zu erleben. Da die Illusion der Allgegenwart des Penis vom Kind nicht erlebt worden war, ist es unmöglich, daß es dessen Abwesenheit bei der Mutter wahrgenommen hätte. Hier zwei Passagen, in denen Lacan behauptet, daß die Verwerfung eine Verwerfung der Bejahung ist. In den *Ecrits,* z.B. auf S. 558, lesen wir, daß sich die Verwerfung – als die Abwesenheit des Attributionsurteils ausdrückt. Und im *»Seminar I«* auf S. 78 heißt es, daß es für den Wolfsmann keine *Bejahung* gegeben hat.

Im Gegensatz dazu bezieht Lacan in anderen, im allgemeinen späteren Texten (ab 1955 bzw. 1956), eine andere theoretische Position, die nach und nach seine endgültige wird, nach der die Verwerfung nicht das Ganze betrifft, sondern *einen* Signifikanten. Genauer genommen wird dieses Verwerfungskonzept, das sich grundsätzlich auf einen Signifikanten bezieht, von Lacan im Lichte des Ödipusmythos entwickelt.

Der Lacansche Begriff der Verwerfung aus der ödipalen Sicht

Was versteht man unter dem Namen-des-Vaters?

Unsere symbolische Triade des Ganzen, des Einen und des Mangels wird jetzt zur dreifachen Figur des Ganzen der *allmächtigen Mutter,* des Einen des Signifikanten des *Namens-des-Vaters,* und des Mangels, der durch das *Begehren der Mutter* repräsentiert wird. Gehen wir nun davon aus, daß sich die Verwerfung ausschließlich in Bezug auf den Signifikanten des Vaters geltend macht. Um den Sinn dieses Ausdrucks »Verwerfung des Namens-des-Vaters« zu verstehen, ist es zuerst notwendig, eine Reihe von Voranahmen vorauszuschicken:

- Der Name-des-Vaters, ein Ausdruck religiösen Ursprungs, ist nicht das Äquivalent des Familiennamens eines bestimmten Vaters, sondern bezeichnet die väterliche Funktion so, wie sie durch das Kind selbst verinnerlicht und aufgenommen worden ist. Heben wir mit Nachdruck hervor, daß der Name-des-Vaters nicht einfach der symbolische

Platz ist, den die Person eines Vaters besetzen oder nicht besetzen kann, sondern jeder symbolische Ausdruck, der von der Mutter oder vom Kind hervorgebracht wird und der die dritte Instanz, die väterliche, die Instanz des Inzestverbotes repräsentiert. Wenn wir also den Signifikanten des Namens-des-Vaters festlegen wollen, ist es vor allem notwendig, ihn in der Art und Weise zu suchen, wie eine Mutter als begehrende Frau sich in Bezug auf das symbolische Gesetz des Verbots situiert oder in der Art und Weise, wie ein Kind als begehrendes Subjekt das Verbot in sich aufgenommen hat und so fähig wird, eine Handlung zu setzen oder seine eigene Grenze festzulegen. Natürlich ist auch die Person des realen Vaters selbst in gleicher Weise vom symbolischen Gesetz des Vaters durchdrungen, aber mit dieser zusätzlichen Schwierigkeit, sein alltägliches Verhalten als Vater nach einem Gesetz regeln zu müssen, das unvermeidlich über ihn hinausgeht.

• Der Name-des-Vaters, verstanden als Ausdruck des Begehrens der Mutter oder des Begehrens des Kindes wird von Lacan als väterliche Metapher bezeichnet, d. h. als Metapher des Begehrens des Kindes, durchdrungen vom Begehren der Mutter.

• Der-Name-des-Vaters bezeichnet nicht irgendetwas Objektives, Festlegbares, ein für allemal Benennbares, sondern irgendeine Art von signifikantem Ausdruck, die den Platz der Metapher des Begehrens des Kindes oder jenes der Mutter besetzt hat. Ein Symptom, eine Geste, ein Sprechen, eine Entscheidung, selbst eine Handlung sind alle in ihrer ganzen Mannigfaltigkeit Beispiele von Signifikanten des Namens-des-Vaters, wobei jedes ein einzigartiger Ausdruck des Begehrens ist. Wir sagen deutlicher, daß der Platz des Namens-des-Vaters immer »Einer ist«, selbst wenn die Elemente, die man an seinem Platz findet, vielfältig und unzählbar sind.

Damit die Verwerfung in Gang kommt, bedarf es des Anreizes eines Appells

Was aber vor allem den Namen-des-Vaters kennzeichnet – und das ist entscheidend, um das Lacansche Konzept der Verwerfung zu verstehen – ist folgende Tatsache: Der Signifikant des Namens-des-Vaters ist die immer erneuerte Antwort auf einen Appell, der von einem anderen herkommt, einem Menschen außerhalb des Subjekts. Es gibt nur Signifikanten des Namens-des-Vaters innerhalb einer unendlichen Reihe von Antworten, die aus dem Symbolischen ans Licht gekommen sind. Nun aber besteht die Verwerfung genau in der Aufhebung jeglicher Antwort auf eine an ein Subjekt gerichtete Aufforderung, eine Botschaft zu äußern, einen Akt zu setzen oder eine Grenze zu ziehen. Auch ist die Verwerfung das Nichterscheinen des Signifikanten des Namens-des-Vaters an einem Ort und zu einem Zeitpunkt, an welchen er zu kommen aufgerufen worden war. Man versteht, warum es hier keine verwerfende Handlung ohne Voraussetzung eines Appells, der sie auslöst, geben kann. Kurz gesagt, damit sich der Vorgang der Verwerfung vollzieht, d. h. damit es dort zum Fehlen eines Signifikanten kommt, wo sein Auftauchen hätte stattfinden müssen, bedarf es zuvor des Anreizes eines Appells.

Aber von woher kommt dieser Appell? Die Verwerfung ist die nicht gegebene Antwort auf eine Mitteilung oder einen Anspruch, die von einer Person in dritter Position in Bezug auf die duale und imaginäre Beziehung zwischen dem damit psychotisch werdenden Subjekt und einem leidenschaftlich geliebten oder gehaßten anderen ausgehen.

Für einen Psychoanalytiker kommt das Auffinden des Ursprungs des Appells dem Suchen nach dem Kontext gleich, in dem der Prozeß der Psychose begonnen hat. Die Person, die das Zutagetreten des Namens-des-Vaters bei dem zukünftigen Psychotiker hervorruft, ist nach Lacan die Figur des *Ein-Vater (un-père)*[69], d.h. einer Person in dritter Position innerhalb einer Beziehung, die als Grundlage das imaginäre Paar Ich/Objekt hat, ein Paar, das oft mit einer intensiven affektiven Gefühlsspannung beladen ist. Der Appell wird z.B. verkörpert »... für die Frau, die eben ein Kind geboren hat, in der Gestalt des Ehemannes; für die Beichtende, die ihre Sünde bekennt, in der Person des Beichtvaters; oder auch für das junge, verliebte Mädchen in der Begegnung mit dem Vater des jungen Mannes«. Ehemann, Beichtvater oder Vater sind allesamt Nebenpersonen, relativ weniger besetzt vom Subjekt als der Partner des imaginären Paares. Diese verschiedenen Personen im Sinne von *Ein-Vater*, offenbar eher sekundär, spielen – ohne es zu wissen – eine Hauptrolle im Ausbruch einer psychotischen Episode.

Die zwei Konsequenzen des Verwerfens des Namens-des-Vaters: symbolische und imaginäre Konsequenzen

Um zusammenzufassen kommen wir nun zu den Auswirkungen der Verwerfung. Wir unterscheiden schematisch zwei Kategorien von Konsequenzen, die von der Verwerfung des Signifikanten des Namens-des-Vaters hervorgerufen werden: die Störungen im Symbolischen und die Störungen im Imaginären. Wenn sich der Vorgang der Verwerfung bestätigt, d.h. wenn der Namen-des-Vaters nicht dort auftaucht, wo er erwartet wurde, ergibt sich beim psychotischen Patienten eine Serie von Umgestaltungen der symbolischen Elemente, die die üblichen Koordinaten des Raumes und der Zeit und v. a. die Vorstellungen bezüglich seiner Abstammung erschüttern. Alle diese Umgestaltungen ergeben sich aus der freien Stelle, die im Symbolischen geschaffen wurde und die Lacan als das im »Feld des Signifikanten gegrabene Loch« bezeichnet. Um dieses Loch herum wird sich das Gebäude einer neuen Realität errichten, welches die ver-

lorene und die dem Erscheinen des Verwerfungsereignisses vorausgegangene Realität ersetzt. Indem er sich auf den Titel einer Arbeit von Freud »Der Realitätsverlust bei Neurose und Psychose« bezieht, behauptet Lacan, daß das wesentliche Problem im Prozeß einer Psychose nicht so sehr der Verlust der Realität ist, sondern der Mechanismus der Herstellung einer neuen Realität, die sie ersetzt *(Ecrits S. 542)*. Unterstreichen wir hier, daß das Problem der Schaffung einer neuen Realität durch die Verwerfung ausführlich in unserer bereits zitierten Arbeit entwickelt wurde: »Die lokale Verwerfung: Beitrag zur Lacanschen Theorie der Verwerfung.«[70]
Die hervorstechendsten Züge dieser neuen Realität haben wir schon an Hand des Beispiels der halluzinatorischen Episode des Wolfsmanns kennengelernt. Es handelt sich um eine massive Realität, weil sie überwältigend ist, um eine abgekapselte Realität, weil sie isoliert ist von den anderen Ereignissen; sie ist rätselhaft, weil sie unsinnig ist (Abwesenheit der phallischen Bedeutung), kompakt, da sie nur aus sehr heftiger psychischer Spannung besteht, und v. a. ist sie unbestreitbar wahr und gewiß für das Subjekt. Wohlgemerkt, wahr und gewiß nicht deshalb, weil sie mit einer erfaßbaren und durch faktische Beweise verifizierbaren Realität übereinstimmen würde, sondern weil *diese* bestimmte Realität unbestritten an mich allein *adressiert ist.* Meine Gewißheit kommt nicht aus dem authentischen Charakter dieser oder jener Realität, sondern aus der Tatsache, daß diese Realität mich betrifft. Das, was daher unbestritten ist, ist nicht die Realität an sich, sondern die Tatsache, daß sie die meine ist. Meine »psychotische« Gewißheit besteht also in der absoluten und spontanen Überzeugung, daß diese Realität mir gehört, und ich ihr einziger Agent bin.
Die andere Konsequenz, nunmehr imaginärer Ordnung, die durch die Verwerfung ausgelöst worden ist, läßt sich in einer Kristallisation der imaginären Beziehung des psychotischen

Ich mit einem besonderen anderen zusammenfassen. Diese Beziehung ist mit einer extremen erotisierten Aggressivität beladen, die bis zum Verschwinden des Spiegelbildes gehen kann und im Äußersten bis zur tödlichen Zerstörung des anderen. Es handelt sich hier nach Lacan um eine Regression des Psychotikers zum Spiegelstadium, »... so daß sich die Beziehung zum spiegelhaften anderen auf seine tödliche Schärfe reduziert« *(Ecrits, S. 568).*

ANMERKUNGEN

I. Der Begriff der Kastration

1. S. Freud (1909), Analyse der Phobie eines fünfjährigen Knaben, Studienausgabe, Bd. 5
2. S. Freud (1908), Über infantile Sexualtheorien, Studienausgabe, Bd. 5, S. 175
3. Der Ausdruck Penis wird den ganzen Text hindurch benützt, ohne ihn vom Begriff des Phallus zu unterscheiden. Diese Unterscheidung ist Gegenstand des folgenden, dem »Phallus« gewidmeten, Textes.
4. S. Freud (1924), Der Untergang des Ödipuskomplexes, Studienausgabe, Bd. 5, S. 247
5. S. Freud (1925), Einige psychische Folgen des anatomischen Geschlechtsunterschiedes, Studienausgabe, Bd. 5, S. 265
6. a. a. O., S. 264
7. a. a. O., S. 260
8. a. a. O., S. 261
9. Es läßt sich noch ein anderer besonderer Zug der weiblichen Kastration feststellen. Das kleine Mädchen nimmt visuell den Penis eines Knaben aus seiner Umgebung wahr, aber es wagt nicht die visuelle Konfrontation mit dem nackten Körper des Vaters. Nach dieser visuellen Erfahrung ist das Mädchen gezwungen zuzugeben, daß es in bezug auf etwas kastriert ist, von dem es unbewußt seit jeher wußte, daß es dessen beraubt ist. Es ist also in bezug auf einen symbolischen universalen Penis kastriert, den es niemals wirklich zu besitzen glaubte. Sein weiblicher Körper wußte immer schon, daß es in Wirklichkeit dessen beraubt war. Lacan zufolge definiert sich dieser Verlust als realer Mangel eines symbolischen Objekts (universaler Penis).
10. Vgl. J.-D.Nasio, Le concept d' hystérie, in: Enseignements de 7 concepts cruciaux de la clinique psychanalytique, Ed.Rivages (in Vorbereitung).
11. S. Freud (1931), Über die weibliche Sexualität, Studienausgabe, Bd. 5, S. 279
12. a. a. O., S. 279
13. S. Freud (1923), Die infantile Genitalorganisation, Studienausgabe, Bd. 5, S. 241

II. Der Begriff des Phallus

14. J. Lacan (1981), Le Seminaire, livre III, Les Psychoses, Editions du Seuil, S. 351 (eigene Übersetzung)

III. Der Begriff des Narzißmus

15. Die definitive Version dieses Textes wurde von Liliane Zolty erstellt.
16. S. Freud, Zur Einführung des Narzißmus, Studienausgabe, Bd. 3, S. 57.
17. F. Perrier, La Chaussée d'Antin, Bourgois, 1978, t. II, p. 110.
18. Hinweise auf diese beiden Bewegungen finden sich bei Freud vor allem 1911 in dem Text »Psychoanalytische Bemerkungen über einen autobiographisch beschriebenen Fall von Paranoia (Dementia paranoides)« (Studienausgabe, Frankfurt 1975, Bd. 7, S. 133; G.W., Bd. 8, S. 239) sowie 1913 in »Die Disposition zur Zwangsneurose« (Studienausgabe, Bd. 7, S. 105; G.W., Bd. 8, S. 441).
19. S. Freud, Drei Abhandlungen zur Sexualtheorie, Studienausgabe, Bd. 5, S. 56, Anm. 1.
20. Diese Wahl unterscheidet sich von der Objektwahl nach dem »Anlehnungstypus«, worin das Subjekt vorrangig »die nährende Frau« oder »den schützenden Mann« sucht, das heißt Sexualobjekte, die sich von den ersten Befriedigungserlebnissen ableiten, welche an die Ausübung der lebenswichtigen Funktionen gebunden waren. (Anm. d. Übers.: Vgl. dazu S. Freud, Zur Einführung des Narzißmus, Studienausgabe, Bd. 3, S. 56)
21. Ebenso stehen die Objektlibido und die Ichlibido zueinander nicht im Verhältnis der Ausschließung: Es gibt eine Reversibilität der Libido, denn das Ich ist selbst ein Objekt, welches sich im Bild des anderen konstituiert.
22. »Diese Art des Widerspruches ergäbe uns also den Größenwahn, den wir als eine Sexualüberschätzung des eigenen Ichs auffassen und so der bekannten Überschätzung des Liebesobjekts an die Seite stellen können.« S. Freud, Psychoanalytische Bemerkungen über einen autobiographisch beschriebenen Fall von Paranoia (Dementia paranoides), Studienausgabe, Frankfurt 1975, Bd. 7, S. 188; G.W., Bd. 8, S. 301.
23. S. Freud, Trauer und Melancholie, Studienausgabe, Bd. 3, S. 203.
24. S. Freud, Das Ich und das Es, Studienausgabe, Bd. 3, S. 313.
25. S. Freud, Das Ich und das Es, Studienausgabe, Bd. 3, S. 298, Anm.; G.W., Bd. 13, S. 258f.
26. S. Freud, ebd., Studienausgabe, Bd. 3, S. 297; G.W., Bd. 13, S. 257.
27. S. Freud, Zur Einführung des Narzißmus, a. a. O., S. 42.
28. s. S. Freud, ebd., S. 49; (Anm. d. Übers.)
29. Diese Formulierung Freuds tritt 1926 auf, in seinem Text »Hemmung, Symptom und Angst«, Frankfurt 1986, S. 81.
30. Streng genommen müssen wir hier präzisieren. Lacan erachtete das Spiegelstadium als Bildner des symbolischen Ich *(Je)* und nicht des imaginären Ich *(moi)* wie man hier vermuten könnte. Unsere Überlegungen stehen trotzdem nicht in Widerspruch zu jenen La-

cans, wenn man beachtet, daß wir als Ich *(Je)* jenen ersten Entwurf des Ich bezeichnet, welcher später eine symbolische Instanz wird, die für das Subjekt des Unbewußten repräsentativ ist. Siehe dazu die Ausführungen auf Seite 94.

31. S. Freud, Über einige neurotische Mechanismen bei Eifersucht, Paranoia und Homosexualität, Studienausgabe, Bd. 7, S. 217-228.
32. J. Lacan, Das Seminar. Buch I. Freuds technische Schriften, 2. Aufl. Weinheim, Berlin 1990
33. S. Freud, Bemerkungen über die Übertragungsliebe, Studienausgabe, Erg.-Bd., S. 224; G.W., Bd. 10, S. 314.
34. (s. S. Freud, Massenpsychologie und Ich-Analyse, Studienausgabe, Bd. 9, S. 119, vgl. ebd., S. 107; Anm. d. Übers.) Das heißt: die Einsetzung des Objekts am Platz des Ichideals, wie in der Hypnose.
35. s. J. Lacan, Jenseits des Realitätsprinzips, Schriften, Bd. III, 2. Aufl. Weinheim, Berlin 1986, S. 29.
36. s. J. Lacan, ebd., S. 28 (Anm. d. Übers.)
37. J. Lacan, Variantes de la cure-type, in: Écrits, Paris 1966, S. 347.

IV. Der Begriff der Sublimierung

38 S. Freud, Aus den Anfängen der Psychoanalyse. Briefe an W. Fließ, Abhandlungen und Notizen aus den Jahren 1887-1902. Notizen zum Brief vom 2.5.1897, S. 170-17239).

39 S. Freud, Vorlesungen zur Einführung in die Psychoanalyse (1916-1917). Die Übertragung. Studienausgabe, Bd. 1, S. 425.

40. S. Freud – O. Pfister: Briefe 1909-1939. S. Fischer, Frankfurt 1965, Brief vom 9.2.1909, S. 11ff.
41. Bemüht um Klarheit, haben wir zwei Triebschicksale in einem verdichtet. Die Wendung gegen die eigene Person umschließt in Wahrheit zwei Schicksale, die Freud sorgfältig voneinander unterscheidet: die Wendung gegen sich selbst und die Umkehrung des Triebes von Aktivität in Passivität. (Siehe dazu: S. Freud, Triebe und Triebschicksale. Studienausgabe, Bd. 3, S. 90). Halten wir fest, daß in diesem Text das dritte Triebschicksal der Hemmung nicht aufscheint.
42. »[Aber der Künstler] kann dies [d. h. Phantasien künstlerische Form verleihen, Anm. d. Übers.] nur darum erreichen, weil die anderen Menschen die nämliche Unzufriedenheit mit dem real erforderlichen Verzicht verspüren wie er selbst, weil diese bei der Ersetzung des Lustprinzips durch das Realitätsprinzip resultierende Unzufriedenheit selbst ein Stück der Realität ist« (S. Freud, Formulierungen über die zwei Prinzipien des psychischen Geschehens. Studienausgabe, Bd. 3, S. 22f).

43. S. Freud, Die »kulturelle« Sexualmoral und die moderne Nervosität. Studienausgabe, Bd. 9, S. 18.
44. S. Freud, Analyse der Theorie eines fünfjährigen Knaben. Studienausgabe, Bd. 8, S. 115.
45. S. Freud, Zur Einführung des Narzißmus. Studienausgabe, Bd. 3, S. 61.

V. Der Begriff der Identifizierung

46. Freud stellt selten diese Substitution explizit dar, was Anlaß zu häufigen Mißverständnissen in analytischen Beiträgen gegeben hat, wohingegen sie doch zahlreiche und wichtige Theoriefortschritte unterstützt. Denken wir an zwei Passagen, in welchen Freud deutlich die Substitution eines menschlichen Wesens durch eine psychische Instanz ausdrückt. Die erste entstammt der Arbeit »Tostojewski und der Vatermord«: »Die Beziehung zwischen der Person und dem Vaterobjekt hat sich in eine Beziehung zwischen dem Ich und dem Über-Ich verwandelt: Eine Neuinszenierung auf einer zweiten Szene«; die zweite Passage finden wir in »Massenpsychologie und Ich-Analyse«: »Alle Interaktionen zwischen dem äußeren Objekt und dem totalen Ich wiederholen sich auf dem neuen Theater im Inneren des Ich selbst«.
47. Für einen Psychoanalytiker sind der Vater des Kindes und der tote Vater zwei vollkommen verschiedene Personen: Der Vater, den das Kind imitiert, ist eine Person; der andere Vater, toter Vater, mit dem sich sein Ich identifiziert, ist eine unbewußte psychische Repräsentanz.
48. »Ein Individuum ist nun für uns ein psychisches Es, unerkannt und unbewußt ... « (»Das Ich und das Es«, a. a. O., S. 292)
49. Es gibt im Werk Freuds keine Klassifikation des Identifizierungsbegriffs, welche bei allen Analytikern einhellige Zustimmung gefunden hätte. Klassifizieren ist immer ein willkürlicher theoretischer Akt; eine Bestätigung für die Verschiedenheit der Zugänge liefern uns die Vorbereitungstexte für den 34. Kongreß der Internationalen Psychoanalytischen Vereinigung, der dem Thema der Identifizierung gewidmet war.
50. »Das Ich ist aber auch, wie wir erfahren haben, unbewußt« (»Das Ich und das Es«, a. a. O., 292)
51. Nach dem Vorbild von Freud und der Einfachheit der Darstellung halber haben wir damit das Wort »Objekt« in seiner verbreitetsten Auffassung verwendet, nämlich als den anderen, sofern er geliebt, begehrt oder verloren ist. Wir möchten aber daran erinnern, daß ganz streng genommen das Wort Objekt nur den herausragenden Zug des geliebten, begehrten und verlorenen anderen bedeutet. Ich insistiere nochmals, daß das Objekt der herausragende und

einmal ins Unbewußte eingeschriebene Zug ist und nicht die Person des anderen, von welchem dieser Zug abgelöst ist. Diese Präzisierung, die auf die Übereinkunft mit dem Leser auf Seite 79 verweist, gilt für alle anderen Formen der Teilidentifizierung.

52. Anstatt von Auflösung zu sprechen, sollte man eher sagen, daß der Schatten des Objekts das Ich in zwei Teile spaltet: in einen Teil außerhalb des Schattens – sogenanntes Über-Ich –, das sich vom anderen Teil losreißt, der im Schatten verbleibt und mit dem verlorenen Objekt identifiziert ist. Siehe auch »Dostojewski ... « sowie »Massenpsychologie und Ich-Analyse«.

53. Diese sexuell begehrte Sache, zu welcher Frau K. wird, ist für die Psychoanalyse der Phallus. In der Lacanschen Theorie wäre der vollständige Ausdruck »imaginärer Phallus«; imaginär insofern, als diese Sache, in der sich Frau K. auflöst, der sexuelle Ort – die Genitalregion – ist, wie sie im Bild des anderen wahrgenommen wird. Dazu folgender Satz Lacans: » ... der Phallus – wenn man will: das Bild des Penis – ist negativiert an seinem Platz im Spiegelbild [des anderen].« (Ecrits, S. 822, Übers. d. Hrsg.)

VI. Der Begriff des Über-Ich

54. S. Freud, Studienausgabe, Bd. 3, S. 315

55. Ich möchte klarstellen, daß die Über-Ich-Funktion der Ermahnung in Bezug auf ein ideales Genießen mit dem psychoanalytischen Begriff des Ichideals übereinstimmt. Üblicherweise werden die zwei Begriffe des Über-Ich und des Ichideals als zwei gleichwertige Ausdrücke angesehen, und Freud selbst wendet oft ohne Unterschied den einen oder den anderen an. Ihre Unterscheidung war der Inhalt eines in der Psychoanalyse bereits klassischen Streitgesprächs. Lacan zufolge, der das Über-Ich als zwingend und das Ichideal als erhebend bezeichnet, schlagen wir vor, das letztere als ein spontanes Streben aus Liebe zu einem Ideal (Ichideal) zu betrachten und das erstere als ein verpflichtendes Streben anzusehen, das auf den Befehl des Über-Ich antwortet, das Ideal des Genießens zu erlangen (Über-Ich).

56. Schon 1930 hatten erstmals Melanie Klein und die englische Schule die frühzeitige Bildung eines Über-Ich herausgestellt, welches sich durch die oralen und sadistischen Phantasmen des Säuglings als besonders gierig und grausam entwickelt.

57. Siehe J.-D. Nasio, Les Yeux de Laure. Le concept d' objet a dans la théorie de Jacques Lacan, Aubiere 1987, p. 107-148

58. Wenn auch ihre Herkunft unterschiedlich erscheint, so bevorzugen wir doch die Hypothese aufrechtzuerhalten, daß vom Gesichtspunkt ihrer Funktionen aus das tyrannische Über-Ich nur ein Begriff ist, der vom archaischen Über-Ich abgeleitet ist.

59. S. Freud, Studienausgabe, Bd. 3, S. 315.
60. »Das Ich und das Es«, a. a. O., S. 316
61. ebd., S 319

VII. Der Begriff der Verwerfung

62. In: J.-D. Nasio, Les Yeux de Laure, a. a. O., S. 107-132
63. S. Freud (1894), Die Abwehr-Neuropsychosen, G.W., Bd. 1, S. 72-73
64. S. Freud (1887-1902), Aus den Anfängen der Psychoanalyse, S. Fischer Vlg., S. 99
65. S. Freud (1911), Psychoanalytische Bemerkungen über einen autobiographisch beschriebenen Fall von Paranoia (Dementia paranoides), Studienausgabe, Bd. 7, S. 194
66. S. Freud (1918), Aus der Geschichte einer infantilen Neurose (»Der Wolfsmann«), Studienausgabe, Bd. 8, S. 199
67. S. Freud, Studienausgabe, Bd. 8, Seite 199
68. a. a. O., S. 199
69. Man beachte den Gleichklang von un *père* (ein Vater) und *impair* (ungerade) (Anm. d. Übers.)
70. In: J.-D. Nasio, Les Yeux de Laure, a. a. O., S. 107-132

Gespräch mit J.-D. Nasio

GEFÜHRT IN PARIS
AM 31.10.1996
VON A. MAURITZ

M. : An wen richtet sich dieses Buch? Wer ist der Adressat?

Nasio: Das Buch wendet sich in erster Linie an die Professionalisten, an die Praktiker, nicht nur an die Psychoanalytiker, sondern an alle, die mit dem seelischen Schmerz und jenen Menschen, die leiden und die angehört werden wollen, konfrontiert sind. Sagen wir, daß sich dieses Buch zuallererst an die Praktiker des Zuhörens richtet, also neben Psychoanalytikern an praktische Ärzte, an Erzieher, Professoren, Lehrer, Physiotherapeuten, Logopäden, Sozialarbeiter, Krankenschwestern und das Pflegepersonal. Es soll ihnen eine Theorie anbieten, damit sie in ihrer Berufsausübung ihr Handeln reflektieren und verbessern könnnen. Und dann richtet es sich an eine Leserschaft, für die ich viel Sympathie habe, das sind die jungen Menschen; und schließlich an all jene, jung oder nicht jung, die die Psychoanalyse kennenlernen wollen. Ich möchte ihnen mit diesem Buch einen Zugang eröffnen, ihr Begehren wecken, sich weiter vor zu wagen, zu lernen und sich zu informieren. Das mache ich mit großer Begeisterung; und ich werde Ihnen erzählen warum. Es hängt mit meiner Geschichte zusammen und mit den Umständen, wie ich zur Psychoanalyse gekommen bin.
Ich bin Arzt beziehungsweise Psychiater und habe sehr jung begonnen, Medizin zu studieren. Das war in Argentinien – ich bin Argentinier –, wobei dort die Ausbildung der europäischen sehr ähnlich ist: wie in Frankreich sechs Jahre Studium und ein Jahr für das Doktorat. Ich war mit 22 schon

Arzt, weil ich schon mit 16 begann, Medizin zu studieren. Während meines ersten Studienjahres war ich recht interessiert an allem, was sich an der Universität sonst noch abspielte, auch an den jungen Mädchen, und eines Tages hörte ich, daß es in einem Hörsaal etwas Interessantes gebe, viel Bewegung, viele junge Leute. Ich ging hin, der Hörsaal war zum Bersten voll mit Studenten aus allen Semestern, nicht nur Studienanfängern. Ich hatte mich eben mit Bekannten unterhalten, als der Vortragende zu sprechen begann. Es war ein Analytiker und ich war sofort gefangengenommen. Ich interessierte mich nicht mehr für die Leute um mich, sondern nur noch für den Vortrag. So kam ich schon damals mit den analytischen Konzepten in Kontakt. Ich war wie mit einer Art Zauberstab berührt worden, muß aber dazu sagen, daß ich mich in den folgenden acht Jahren dennoch nicht mehr mit Psychoanalyse beschäftigte, sondern vielmehr mit anderen Dingen wie Medizin, Philosophie und Politik. Erst am Ende meines Studiums, mit 22 Jahren, fand ich zurück zur Psychoanalyse. Zuerst durch meine eigene Analyse, die ich etwa ein Jahr davor begonnen hatte und 1969 beendete. Gleichzeitig mit meiner eigenen Analyse übernahm ich auch die ersten Klienten. Das war alles noch in Argentinien. Argentinien ist ein sehr kosmopolitisches Land mit vielen Emigranten aus Spanien, Frankreich, auch aus Deutschland und Österrreich. Zudem war dieses Land immer offen gegenüber allem Europäischen, besonders was die Psychoanalyse angeht. Was meine eigene Analyse betrifft, so war mein Analytiker selbst in Analyse bei Angel Garma, der seinerseits wieder, ungefähr ab 1929, von Theodor Reik in Berlin analysiert worden war; Reik selbst war bei Freud in Analyse. Ich kann also, was meine psychoanalytische Herkunft angeht, sagen, daß ich von der Gruppe um Reik herkomme. Reik, der ja Österreicher war, war einer der großen Schüler Freuds. Ich fühle mich sehr geehrt, sagen zu können, daß ich von dort abstamme, weil Reik in meinen Augen einer der Aktuellsten ist, einer von denen, die der Psychoanalyse von heute am nächsten sind. Ich glaube auch, daß sich auch Jacques Lacan, als einer der großen französischen Psychoanalytiker, sehr von Reik inspirieren ließ. Schon Reik dachte, daß die Deutung ein Einfall, eine psychische Produktion sei, weniger das Ergebnis eines Denkprozesses, einer Berechnung oder Überlegung als vielmehr eine Inspiration. Es ist wie ein Sprechen, uns auferlegt, um dem Patienten mitgeteilt zu werden. Darin liegt etwas Poetisches. Reik stand der Kunst sehr nahe, der Musik, der Poesie, der Malerei. Daher seine Vorstellung von der Deutung als einer poetischen Inspiration des Analytikers.

M.: Wie ist dieses Buch entstanden? Ist es das Resultat von Vorträgen?

Nasio: Das hängt mit dem zusammen, was ich Ihnen erzählt habe. Wenn ich die Psychoanalyse studiere, mache ich das nach Themen geordnet. Ich bin ein harter Arbeiter in bezug auf Theorie und Lektüre, und jedesmal, wenn ich ein Thema bearbeite und einen Text schreibe, bewahre ich die Notizen und die Bibliographie auf. Eines Tages dachte ich, daß diese auch anderen Menschen dienlich sein könnten und begann Vorträge zu halten. Ich schlug dazu einigen Schülern vor, die Themen zu bearbeiten und gab ihnen meine Unterlagen. Wir bereiteten sie dann zusammen vor und so kam es zu Vorträgen über verschiedene Grundkonzepte. Schließlich habe ich mich entschieden, die Texte selbst zu schreiben, ich hatte also schon Skizzen, um dieses Buch zu machen. Es sollte ein Handbuch sein, etwas Nützliches, Praktisches, aber auf einem hohen theoretischen Niveau. Es sollte nichts Populäres sein, sondern Schärfe haben. Das Buch kam 1987 heraus und es findet immer noch sehr großen Absatz, vor allem an den Universitäten. Es wurde auch bereits ins Dänische, Englische, Japanische, Spanische und Portugiesische übersetzt.

M.: Sie sprechen in Ihrem Buch von sieben Begriffen bzw. Konzepten. Das läßt die Vermutung zu, daß es vielleicht mehr als sieben gibt. Warum also sieben?

Nasio: Man hat mir diese Frage oft gestellt. Ich weiß nicht, was ich darauf antworten soll. Einige Leute haben gemeint, daß es vielleicht mit meiner christlichen Einstellung zu tun hat, den sieben Todsünden, vielleicht. Es hat sich so ergeben. Und die Zahl Sieben gefällt mir. Es gibt tatsächlich noch viele andere entscheidene Konzepte. Ich werde vielleicht einen zweiten Band herausgeben, in dem noch andere behandelt werden.

M.: Sie beziehen sich in Ihrem Buch vor allem auf Freud und Lacan. Warum gerade diese zwei?

Nasio: Weil das der französischen Kultur und der französischen Psychoanalyse entspricht. Seit ungefähr dreißig, vierzig Jahren gibt es in Frankreich zwei wichtige Bezugspunkte, und das sind Freud und Lacan. Daran habe ich mich orientiert. Meine eigene Ausbildung ist auch kleinianisch, insbesondere was meine eigene Analyse betrifft. In Argentinien kennt man vor allem die englischen Autoren, aber auch die deutschen und österreichischen Zeitgenossen von Freud. Man kennt sie dort viel besser als in Frankreich, während in Frankreich Lacan und Freud die wichtigsten sind.

Ich möchte dazu zwei Anmerkungen machen. Einmal ist diese Einschränkung anderen Autoren gegenüber, die ebenfalls sehr viel zur Verbreitung der Psychoanalyse in Frankreich beigetragen haben, ungerecht. In erster Linie Frau Dolto gegenüber, die zu meinen Freunden und Lehrern zählt. Sie und noch eine Menge anderer großer Psychoanalytiker haben einen großen Beitrag geleistet. Aber meine wichtigen Bezugspunkte sind Freud und Lacan. Zweitens möchte ich wiederholen, daß meine eigene Ausbildung eben nicht nur freudianisch und lacanianisch ist. Ich habe viel gelesen und kenne die kleinianische Theorie ebensogut wie die Theorien von Bion, von Winnicott. Dank der Anfänge meiner Ausbildung in Argentinien habe ich viel von der angelsächsischen Theorie aufgenommen.

M.: Und nun, da Sie in Frankreich arbeiten, bedienen Sie sich dessen immer noch?

Nasio: Ja, ständig. In meinem letzten Buch zum Beispiel *(Le livre de la douleur et de l'amour)* finden sich zwar von Lacan beeinflußte Abschnitte, aber es ist ein Text, der von meiner eigenen Entwicklung geprägt ist, der nicht mehr einer bestimmten Schule angehört. Er mag von Freud, von Winnicott beeinflußt sein – ich habe mich verschiedener Autoren bedient –, aber es ist ein Text, der über die verschiedenen Schulen hinausgeht. Wir sind zwar lacanianisch, freudianisch oder angelsächsisch ausgebildet, doch findet man an einem bestimmten Punkt seiner Entwicklung seinen eigenen Weg. Um auf Ihre Frage zurückzukommen: Ich bewahre alle meine Ursprünge in mir auf, ob es nun angelsächsische, darunter auch amerikanische – zum Beispiel die Theorie von Kohut – oder französische wie die von Lacan sind.

M.: Das berührt die Frage der Transmission der Psychoanalyse.

Nasio: Ich möchte zwei Dinge unterscheiden. Es ist etwas anderes sie weiterzugeben als sie zu lehren. Wir lehren sie oft. Dieses Buch etwa wird in Österreich erscheinen. Für mich ist das wichtig, weil es die Psychoanalyse lehren kann. Es kann einführen, es kann ermöglichen, daß die Psychoanalyse nicht nur als eine Theorie oder als eine Praxis gesehen wird, sondern auch als eine Öffnung hin zur menschlichen Dimension des Leidenden. Das läßt sich lehren. Man lehrt, wenn man Vorträge hält. Auch, wenn man Supervisionen macht, wenn man Professionalisten sagt, was sie bei ihren Klienten besser machen können. Doch die Transmission ist etwas anderes. Sie spielt sich zwischen dem Analytiker und seinem Patienten ab. Wenn jemand in Analyse steht, so findet eine Transmission statt. Es ist ein Übertritt eines Wissens, das nicht bewußt ist, keinem der beiden Akteure, weder dem Analytiker noch dem Analysanten. Hingegen bedeutet Lehre einen Übertritt eines Wissens, das beiden bewußt ist. Man könnte sagen, Lehre bedeutet, daß wir eine Brücke überqueren, doch dabei wissen wir, wer wir sind, von welchem Ufer wir ausgehen und an welchem Ufer wir ankommen werden. Transmission hingegen heißt, daß wir eine Brücke überqueren und weder wissen, wer wir sind, noch von welchem Ufer wir ausgehen, noch an welchem wir ankommen werden. Das ist der Unterschied zwischen Lehre und Transmisssion. Um auf Ihre Frage zurückzukommen, ob man die Psychoanalyse weitergeben kann. Ich würde sagen: ja, man kann sie weitergeben. Doch sowohl Lehre wie auch Transmission geschehen immer nur partiell, man gibt die Psychoanalyse nie als Ganzes weiter. Und ich würde sagen, daß das ein Glück ist. Denn derjenige, der sie übernimmt, muß etwas hinzufügen, um es seinerseits an einen anderen weitergeben zu können. Sehr persönlich gesagt: Ich fühle mich als ein Überbringer der Psychoanalyse, als ein Glied in einer Kette. Ich habe etwas erhalten, ich habe es ausgearbeitet, mir neu geschaffen und gebe es an andere weiter.

M.: Noch eine andere Frage: Freud hat einmal vermutet, daß die Psychoanalyse nicht als Therapie überleben wird. Was ist Ihre Meinung dazu?

Nasio: Ich bin anderer Meinung. Er sagt einmal, daß die Psychoanalyse eine Forschungsmethode ist und daß sie *auch* eine Therapie ist. Und ich glaube, daß sie eine Therapie ist. Ich finde es schade, daß wir Analytiker in unseren Schriften manchmal den Anschein erwecken, als wäre die Psychoanalyse nur eine intellektuelle, interessante Erfahrung. Überhaupt nicht. Die Psychoanalyse ist vor allem ein Mittel, um menschliches Leiden zu verringern.

M.: Und darin liegt für Sie das Ziel der Psychoanalyse?

Nasio: Sie hat nicht nur ein Ziel. Auf jeden Fall aber liegt ihr Hauptinteresse darin, das Leiden des Subjekts geringer werden zu lassen, zu erreichen, daß das Subjekt mehr im Einklang mit sich selbst ist, mit seinen Grenzen, seinen Einschränkungen. Einmal hat man mich gefragt, was Glück für mich bedeute. Glück bedeutet, seine Grenzen anzuerkennen und sie zu lieben. Und ich würde sagen, daß die Psychoanalyse zum Ziel hat, den Klienten oder Patienten auf seinem Weg, ein wenig mehr in Einklang mit sich selbst zu sein, die eigenen Grenzen anzuerkennen und zu lieben, zu begleiten.

M.: Und Sie glauben, daß die Psychoanalyse heute, wo es so viele andere Therapieformen gibt, immer noch ihre Bedeutung hat?

Nasio: Ich bin sehr froh über diese Frage. Es gibt viele andere Therapieformen, die man auch alternative Therapien nennt. Diese haben immer schon existiert, schon vor uns. Ich denke auch an Richtungen, die von Dissidenten gegründet wurden, an Adler zum Beispiel, der enormen Erfolg hatte, oder an Jung, oder an viele andere Alternativtherapien, die es gibt. Aber die Psychoanalyse bleibt der Ursprung aller dieser Therapierichtungen, eine unerschütterliche Basis mit einer oft erstaunlichen Kraft. Die analytische Theorie bildet einen soliden Sockel. Sie hat in den hundert Jahren ihres Bestehens Enormes geleistet, manchmal etwas exzessiv, etwas »sophisticated«, was mir nicht gefällt, diese Texte von Kollegen, von denen man kein Wort versteht, die nur einem geschlossenen elitären Kreis zugänglich sind – so wird die Psychoanalyse nicht erhalten bleiben. Doch neben diesen Auswüchsen gibt es ungeheuer viele Texte, die einen theoretischen Boden geschaffen haben, den nur die Psychoanalyse hat. Ich möchte das erläutern: Zu mir kommen im Augenblick in Paris zahlreiche Praktiker, Hypnotiseure, Gestalttherapeuten, Bioenergetiker, unlängst jemand, der mit der Geschichte arbeitet, insgesamt sind es im Augenblick sechs oder sieben Praktiker in Alternativtherapien, die zu mir kommen, um eine Orientierung zu erhalten, ein Wissen, eine theoretische Grundlage, die ihre eigenen Richtungen nicht haben. Nehmen Sie zum Beispiel die Gestalttherapie: Wie viele Bücher gibt es da schon? Es ist, als hätten sie nicht genug Anregung, ihre Praxis zu reflektieren. Ich habe das Gefühl, daß sich die Texte sehr schnell erschöpfen, daß sie nicht genügend zum Nachdenken anregen. Perls hat wunderbare Bücher geschrieben, aber daraus entsteht keine Schule. Genauso ist es mit der Bioenergetik. Die Leute werden nicht, so wie ich als junger Mensch, von einem Wunsch zu denken berührt. Freud und Lacan hingegen, und das ist außergewöhnlich, bringen uns zum Denken, zum Nachdenken. Manchmal, weil wir nichts verstehen. Wir machen das Buch zu, weil wir irritiert sind, aber das bringt uns zum Denken, zur Reflexion oder, wie in meinem Fall, zum Schreiben. Ich bin daher meinen großen Lehrern sehr dankbar, weil sie in mir den Wunsch geweckt haben, über ihre Werke hinauszugehen. Deshalb glaube ich, daß die Psychoanalyse noch viele Jahre vor sich hat. Ich sage nicht, daß sie unendlich sein wird, aber solange sie existiert und solange es in unserer westlichen Welt so großes Leid gibt, glaube ich, daß die Psychoanalyse die vorherrschende Methode sein wird, selbst wenn es alternative Methoden gibt, die auch weiter bestehen werden.

M.: Und die lange Dauer, die Häufigkeit der Sitzungen halten Sie nicht für ein Hindernis?

Nasio: Ich glaube, daß sie trotzdem oder gerade deshalb fortdauern wird. Sich zu ändern braucht eben seine Zeit. Was mir aber Sorge bereitet, das sind nicht die Alternativtherapien, auch nicht bestimmte Wissenschaften. Ich glaube zwar, daß der Fortschritt der Wissenschaft den Menschen immer einsamer macht. Je mehr Apparate für Kommunikation zur Verfügung stehen, desto mehr ist der Mensch allein in seinen vier Wänden, das ist eigenartig. Je mehr die Intimität verschwindet, desto mehr reduzieren sich die Gefühle. Die Zärtlichkeit verschwindet; kann ich jetzt über Internet Zärtlichkeiten austauschen? – ist das eindrucksvoll? Je größer der Fortschritt der Wissenschaft ist, desto einsamer wird der Mensch. Und diese einsamen Menschen werden sich an die Psychoanalyse wenden. Aber, was mich wirklich bedenklich stimmt, ist dennoch nicht die Wissenschaft, sondern es ist die Religion. Nicht die Alternativtherapien werden der Psychoanalyse Konkurrenz machen, im Gegenteil, die brauchen uns, auch nicht die Fortschritte der Wissenschaft, die eher notwendig machen, daß der Mensch anderswo Zuflucht sucht, wohl aber die Religion. Sie könnte vielleicht eine Destabilisierung bewirken. Es gibt ein mächtiges Phänomen der Rückkehr zum Religiösen und im gleichen Augenblick auch ein Verschließen, also eine Rückkehr zum Religiösen als einem Verschließen, und zugleich gibt es auch eine Hilflosigkeit der christlichen Religion. Hier in Frankreich ist das erstaunlich. Einerseits existieren die Religionen, welche sie auch betrachten – Islam, Juden- oder Christentum –, nur in geschlossenen Kreisen, und andererseits ist es, als ob sie ihre Grenzen verloren hätten. Und hier könnte die Psychoanalyse betroffen sein, weil sie ein Ort des Sprechens ist, des Sprechens von jemandem, der leidet. Und die Religion ist ebenfalls, trotz aller Unterschiede, ein solcher Ort des Sprechens. In diesem Zusammenhang möchte ich an eine sehr interessante Bemerkung von Freud erinnern, den Unterschied zwischen dem Analytiker und dem Beichtvater betreffend: Der Gläubige sagt dem Beichtvater alles, was er weiß. Und der Analysant sagt dem Analytiker alles, was er weiß *und was er nicht weiß*. Das ist der Unterschied.

M.: Wollen Sie noch etwas sagen, was Ihnen wichtig ist?

Nasio: Was mir wichtig ist, und das ist sehr persönlich, ist der Wunsch, daß der Leser Zugang zu diesem Buch durch verschiedene Türen findet. Ich habe Bücher gern, bei denen man ein Kapitel liest, es weglegt und am nächsten Tag ein anderes liest, also von einem Kapitel zum anderen springen kann. Ich wünsche mir, daß die Leser dieses Buch leicht lesen können, daß sie es immer aufbewahren und daß es für sie hilfreich ist. Und ich möchte auch, daß es die Leser als ein Buch eines Psychoanalytikers, der das Leben liebt, ansehen. Ich möchte, daß der Text einer ist, der die Konzepte, wie ich das nenne, dramatisiert, daß das Konzept lebendig ist, nicht nur intellektuell. Ich möchte, daß es unserer Alltagsrealität so nahe wie möglich kommt. Manchmal gelingt mir das, manchmal nicht. Und der dritte Wunsch, den ich als Autor habe, ist, daß die Leser das Buch lesen ohne zu überlegen, ob es gut oder schlecht geschrieben ist, ja, daß sie vergessen, daß es jemand geschrieben hat. Ich lehne mich hier an Paul Valéry an, den großen französischen Schriftsteller, der einmal gesagt hat, das beste Französisch wäre jenes, das man liest, ohne zu wissen, daß man es liest. Und ich möchte, daß man dieses Buch liest, ohne zu wissen, daß es von jemandem geschrieben beziehungsweise übersetzt wurde.

M.: Herzlichen Dank!